は　し　が　き

　平成 29 年 3 月に告示された小学校学習指導要領が，令和 2 年度から全面実施されます。

　今回の学習指導要領では，各教科等の目標及び内容が，育成を目指す資質・能力の三つの柱（「知識及び技能」，「思考力，判断力，表現力等」，「学びに向かう力，人間性等」）に沿って再整理され，各教科等でどのような資質・能力の育成を目指すのかが明確化されました。これにより，教師が「子供たちにどのような力が身に付いたか」という学習の成果を的確に捉え，主体的・対話的で深い学びの視点からの授業改善を図る，いわゆる「指導と評価の一体化」が実現されやすくなることが期待されます。

　また，子供たちや学校，地域の実態を適切に把握した上で教育課程を編成し，学校全体で教育活動の質の向上を図る「カリキュラム・マネジメント」についても明文化されました。カリキュラム・マネジメントの一側面として，「教育課程の実施状況を評価してその改善を図っていくこと」がありますが，このためには，教育課程を編成・実施し，学習評価を行い，学習評価を基に教育課程の改善・充実を図るというPDCAサイクルを確立することが重要です。このことも，まさに「指導と評価の一体化」のための取組と言えます。

　このように，「指導と評価の一体化」の必要性は，今回の学習指導要領において，より一層明確なものとなりました。そこで，国立教育政策研究所教育課程研究センターでは，「幼稚園，小学校，中学校，高等学校及び特別支援学校の学習指導要領等の改善及び必要な方策等について（答申）」（平成 28 年 12 月 21 日中央教育審議会）をはじめ，「児童生徒の学習評価の在り方について（報告）」（平成 31 年 1 月 21 日中央教育審議会初等中等教育分科会教育課程部会）や「小学校，中学校，高等学校及び特別支援学校等における児童生徒の学習評価及び指導要録の改善等について」（平成 31 年 3 月 29 日付初等中等教育局長通知）を踏まえ，このたび「『指導と評価の一体化』のための学習評価に関する参考資料」を作成しました。

　本資料では，学習評価の基本的な考え方や，各教科等における評価規準の作成及び評価の実施等について解説しているほか，各教科等別に単元や題材に基づく学習評価について事例を紹介しています。各学校においては，本資料や各教育委員会等が示す学習評価に関する資料などを参考としながら，学習評価を含むカリキュラム・マネジメントを円滑に進めていただくことで，「指導と評価の一体化」を実現し，子供たちに未来の創り手となるために必要な資質・能力が育まれることを期待します。

　最後に，本資料の作成に御協力くださった方々に心から感謝の意を表します。

　令和 2 年 3 月

国立教育政策研究所
教育課程研究センター長
笹　井　弘　之

目次

　※本冊子については，改訂後の常用漢字表（平成22年11月30日内閣告示）に基づいて表記していま
　　す。（学習指導要領及び初等中等教育局長通知等の引用部分を除く）

第1編

総説

第1編　総説

本編においては，以下の資料について，それぞれ略称を用いることとする。

答申：「幼稚園，小学校，中学校，高等学校及び特別支援学校の学習指導要領等の改善
　　　及び必要な方策等について（答申）」　平成28年12月21日　中央教育審議会
報告：「児童生徒の学習評価の在り方について（報告）」　平成31年1月21日　中央教
　　　育審議会　初等中等教育分科会　教育課程部会
改善等通知：「小学校，中学校，高等学校及び特別支援学校等における児童生徒の学習
　　　評価及び指導要録の改善等について（通知）」　平成31年3月29日　初等中等
　　　教育局長通知

第1章　平成29年改訂を踏まえた学習評価の改善

1　はじめに

　学習評価は，学校における教育活動に関し，児童生徒の学習状況を評価するものである。答申にもあるとおり，児童生徒の学習状況を的確に捉え，教師が指導の改善を図るとともに，児童生徒が自らの学びを振り返って次の学びに向かうことができるようにするためには，学習評価の在り方が極めて重要である。

　各教科等の評価については，学習状況を分析的に捉える「観点別学習状況の評価」と「評定」が学習指導要領に定める目標に準拠した評価として実施するものとされている[1]。観点別学習状況の評価とは，学校における児童生徒の学習状況を，複数の観点から，それぞれの観点ごとに分析する評価のことである。児童生徒が各教科等での学習において，どの観点で望ましい学習状況が認められ，どの観点に課題が認められるかを明らかにすることにより，具体的な学習や指導の改善に生かすことを可能とするものである。各学校において目標に準拠した観点別学習状況の評価を行うに当たっては，観点ごとに評価規準を定める必要がある。評価規準とは，観点別学習状況の評価を的確に行うため，学習指導要領に示す目標の実現の状況を判断するよりどころを表現したものである。本参考資料は，観点別学習状況の評価を実施する際に必要となる評価規準等，学習評価を行うに当たって参考となる情報をまとめたものである。

　以下，文部省指導資料から，評価規準について解説した部分を参考として引用する。

---

[1] 各教科の評価については，観点別学習状況の評価と，これらを総括的に捉える「評定」の両方について実施するものとされており，観点別学習状況の評価や評定には示しきれない児童生徒の一人一人のよい点や可能性，進歩の状況については，「個人内評価」として実施するものとされている。（P.6〜11に後述）

（参考）評価規準の設定（抄）

（文部省「小学校教育課程一般指導資料」（平成5年9月）より）

　新しい指導要録（平成3年改訂）では，観点別学習状況の評価が効果的に行われるようにするために，「各観点ごとに学年ごとの評価規準を設定するなどの工夫を行うこと」と示されています。

　これまでの指導要録においても，観点別学習状況の評価を適切に行うため，「観点の趣旨を学年別に具体化することなどについて工夫を加えることが望ましいこと」とされており，教育委員会や学校では目標の達成の度合いを判断するための基準や尺度などの設定について研究が行われてきました。

　しかし，それらは，ともすれば知識・理解の評価が中心になりがちであり，また「目標を十分達成（＋）」，「目標をおおむね達成（空欄）」及び「達成が不十分（－）」ごとに詳細にわたって設定され，結果としてそれを単に数量的に処理することに陥りがちであったとの指摘がありました。

　今回の改訂においては，学習指導要領が目指す学力観に立った教育の実践に役立つようにすることを改訂方針の一つとして掲げ，各教科の目標に照らしてその実現の状況を評価する観点別学習状況を各教科の学習の評価の基本に据えることとしました。したがって，評価の観点についても，学習指導要領に示す目標との関連を密にして設けられています。

　このように，学習指導要領が目指す学力観に立つ教育と指導要録における評価とは一体のものであるとの考え方に立って，各教科の目標の実現の状況を「関心・意欲・態度」，「思考・判断・表現」，「技能・表現（または技能）」及び「知識・理解」の観点ごとに適切に評価するため，「評価規準を設定する」ことを明確に示しているものです。

　「評価規準」という用語については，先に述べたように，新しい学力観に立って子供たちが自ら獲得し身に付けた資質や能力の質的な面，すなわち，学習指導要領の目標に基づく幅のある資質や能力の育成の実現状況の評価を目指すという意味から用いたものです。

2　平成29年改訂を踏まえた学習評価の意義

（1）学習評価の充実

　平成29年改訂小・中学校学習指導要領総則においては，学習評価の充実について新たに項目が置かれた。具体的には，学習評価の目的等について以下のように示し，単元や題材など内容や時間のまとまりを見通しながら，児童生徒の主体的・対話的で深い学びの実現に向けた授業改善を行うと同時に，評価の場面や方法を工夫して，学習の過程や成果を評価することを示し，授業の改善と評価の改善を両輪として行っていくことの必要性を明示した。

・児童のよい点や進歩の状況などを積極的に評価し，学習したことの意義や価値を実感できるようにすること。また，各教科等の目標の実現に向けた学習状況を把握する観点から，単元や題材など内容や時間のまとまりを見通しながら評価の場面や方法を工夫して，学習の過程や成果を評価し，指導の改善や学習意欲の向上を図り，資質・能力の育成に生かすようにすること。

・創意工夫の中で学習評価の妥当性や信頼性が高められるよう，組織的かつ計画的な取組を推進するとともに，学年や学校段階を越えて児童の学習の成果が円滑に接続されるように工夫すること。

（小学校学習指導要領第1章総則　第3教育課程の実施と学習評価　2学習評価の充実）
（中学校学習指導要領にも同旨）

（2）カリキュラム・マネジメントの一環としての指導と評価

　　各学校における教育活動の多くは，学習指導要領等に従い児童生徒や地域の実態を踏まえて編成された教育課程の下，指導計画に基づく授業（学習指導）として展開される。各学校では，児童生徒の学習状況を評価し，その結果を児童生徒の学習や教師による指導の改善や学校全体としての教育課程の改善等に生かしており，学校全体として組織的かつ計画的に教育活動の質の向上を図っている。このように，「学習指導」と「学習評価」は学校の教育活動の根幹に当たり，教育課程に基づいて組織的かつ計画的に教育活動の質の向上を図る「カリキュラム・マネジメント」の中核的な役割を担っている。

（3）主体的・対話的で深い学びの視点からの授業改善と評価

　　指導と評価の一体化を図るためには，児童生徒一人一人の学習の成立を促すための評価という視点を一層重視し，教師が自らの指導のねらいに応じて授業での児童生徒の学びを振り返り，学習や指導の改善に生かしていくことが大切である。すなわち，平成29年改訂学習指導要領で重視している「主体的・対話的で深い学び」の視点からの授業改善を通して各教科等における資質・能力を確実に育成する上で，学習評価は重要な役割を担っている。

（4）学習評価の改善の基本的な方向性

　　（1）～（3）で述べたとおり，学習指導要領改訂の趣旨を実現するためには，学習評価の在り方が極めて重要であり，すなわち，学習評価を真に意味のあるものとし，指導と評価の一体化を実現することがますます求められている。
　　このため，報告では，以下のように学習評価の改善の基本的な方向性が示された。
　　① 児童生徒の学習改善につながるものにしていくこと
　　② 教師の指導改善につながるものにしていくこと
　　③ これまで慣行として行われてきたことでも，必要性・妥当性が認められないものは見直していくこと

3 平成29年改訂を受けた評価の観点の整理

　平成29年改訂学習指導要領においては，知・徳・体にわたる「生きる力」を児童生徒に育むために「何のために学ぶのか」という各教科等を学ぶ意義を共有しながら，授業の創意工夫や教科書等の教材の改善を引き出していくことができるようにするため，全ての教科等の目標及び内容を「知識及び技能」，「思考力，判断力，表現力等」，「学びに向かう力，人間性等」の育成を目指す資質・能力の三つの柱で再整理した（図1参照）。知・徳・体のバランスのとれた「生きる力」を育むことを目指すに当たっては，各教科等の指導を通してどのような資質・能力の育成を目指すのかを明確にしながら教育活動の充実を図ること，その際には，児童生徒の発達の段階や特性を踏まえ，資質・能力の三つの柱の育成がバランスよく実現できるよう留意する必要がある。

図1

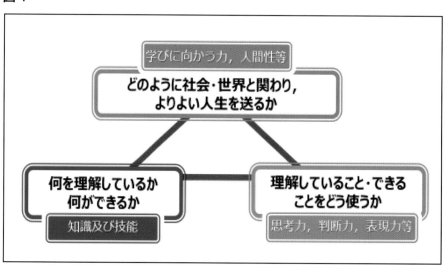

　観点別学習状況の評価については，こうした教育目標や内容の再整理を踏まえて，小・中・高等学校の各教科を通じて，4観点から3観点に整理された。（図2参照）

図2

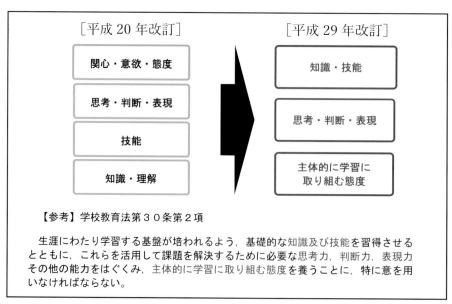

4 平成29年改訂学習指導要領における各教科の学習評価

　各教科の学習評価においては，平成29年改訂においても，学習状況を分析的に捉える「観点別学習状況の評価」と，これらを総括的に捉える「評定」の両方について，学習指導要領に定める目標に準拠した評価として実施するものとされた。改善等通知では，以下のように示されている。

【小学校児童指導要録】

　［各教科の学習の記録］

Ⅰ　観点別学習状況

　　学習指導要領に示す各教科の目標に照らして，その実現状況を観点ごとに評価し記入する。その際，

　　　「十分満足できる」状況と判断されるもの：A

　　　「おおむね満足できる」状況と判断されるもの：B

　　　「努力を要する」状況と判断されるもの：C

　のように区別して評価を記入する。

Ⅱ　評定（第3学年以上）

　　各教科の評定は，学習指導要領に示す各教科の目標に照らして，その実現状況を，

　　　「十分満足できる」状況と判断されるもの：3

　　　「おおむね満足できる」状況と判断されるもの：2

　　　「努力を要する」状況と判断されるもの：1

　のように区別して評価を記入する。

　　評定は各教科の学習の状況を総括的に評価するものであり，「観点別学習状況」において掲げられた観点は，分析的な評価を行うものとして，各教科の評定を行う場合において基本的な要素となるものであることに十分留意する。その際，評定の適切な決定方法等については，各学校において定める。

【中学校生徒指導要録】

（学習指導要領に示す必修教科の取扱いは次のとおり）

　［各教科の学習の記録］

Ⅰ　観点別学習状況（小学校児童指導要録と同じ）

　　学習指導要領に示す各教科の目標に照らして，その実現状況を観点ごとに評価し記入する。その際，

　　　「十分満足できる」状況と判断されるもの：A

　　　「おおむね満足できる」状況と判断されるもの：B

　　　「努力を要する」状況と判断されるもの：C

　のように区別して評価を記入する。

Ⅱ　評定

　　各教科の評定は，学習指導要領に示す各教科の目標に照らして，その実現状況を，

「十分満足できるもののうち，特に程度が高い」状況と判断されるもの：5

「十分満足できる」状況と判断されるもの：4

「おおむね満足できる」状況と判断されるもの：3

「努力を要する」状況と判断されるもの：2

「一層努力を要する」状況と判断されるもの：1

のように区別して評価を記入する。

　評定は各教科の学習の状況を総括的に評価するものであり，「観点別学習状況」において掲げられた観点は，分析的な評価を行うものとして，各教科の評定を行う場合において基本的な要素となるものであることに十分留意する。その際，評定の適切な決定方法等については，各学校において定める。

　また，観点別学習状況の評価や評定には示しきれない児童生徒一人一人のよい点や可能性，進歩の状況については，「個人内評価」として実施するものとされている。改善等通知においては，「観点別学習状況の評価になじまず個人内評価の対象となるものについては，児童生徒が学習したことの意義や価値を実感できるよう，日々の教育活動等の中で児童生徒に伝えることが重要であること。特に『学びに向かう力，人間性等』のうち『感性や思いやり』など児童生徒一人一人のよい点や可能性，進歩の状況などを積極的に評価し児童生徒に伝えることが重要であること。」と示されている。

　「3　平成29年改訂を受けた評価の観点の整理」も踏まえて各教科における評価の基本構造を図示化すると，以下のようになる。（図3参照）

図3

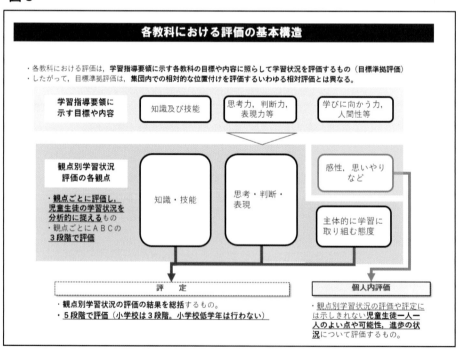

上記の，「各教科における評価の基本構造」を踏まえた3観点の評価それぞれについて

の考え方は，以下の（1）〜（3）のとおりとなる。なお，この考え方は，外国語活動（小学校），総合的な学習の時間，特別活動においても同様に考えることができる。

（1）「知識・技能」の評価について

　「知識・技能」の評価は，各教科等における学習の過程を通した知識及び技能の習得状況について評価を行うとともに，それらを既有の知識及び技能と関連付けたり活用したりする中で，他の学習や生活の場面でも活用できる程度に概念等を理解したり，技能を習得したりしているかについても評価するものである。

　「知識・技能」におけるこのような考え方は，従前の「知識・理解」（各教科等において習得すべき知識や重要な概念等を理解しているかを評価），「技能」（各教科等において習得すべき技能を身に付けているかを評価）においても重視してきたものである。

　具体的な評価の方法としては，ペーパーテストにおいて，事実的な知識の習得を問う問題と，知識の概念的な理解を問う問題とのバランスに配慮するなどの工夫改善を図るとともに，例えば，児童生徒が文章による説明をしたり，各教科等の内容の特質に応じて，観察・実験したり，式やグラフで表現したりするなど，実際に知識や技能を用いる場面を設けるなど，多様な方法を適切に取り入れていくことが考えられる。

（2）「思考・判断・表現」の評価について

　「思考・判断・表現」の評価は，各教科等の知識及び技能を活用して課題を解決する等のために必要な思考力，判断力，表現力等を身に付けているかを評価するものである。

　「思考・判断・表現」におけるこのような考え方は，従前の「思考・判断・表現」の観点においても重視してきたものである。「思考・判断・表現」を評価するためには，教師は「主体的・対話的で深い学び」の視点からの授業改善を通じ，児童生徒が思考・判断・表現する場面を効果的に設計した上で，指導・評価することが求められる。

　具体的な評価の方法としては，ペーパーテストのみならず，論述やレポートの作成，発表，グループでの話合い，作品の制作や表現等の多様な活動を取り入れたり，それらを集めたポートフォリオを活用したりするなど評価方法を工夫することが考えられる。

（3）「主体的に学習に取り組む態度」の評価について

　答申において「学びに向かう力，人間性等」には，①「主体的に学習に取り組む態度」として観点別学習状況の評価を通じて見取ることができる部分と，②観点別学習状況の評価や評定にはなじまず，こうした評価では示しきれないことから個人内評価を通じて見取る部分があることに留意する必要があるとされている。すなわち，②については観点別学習状況の評価の対象外とする必要がある。

　「主体的に学習に取り組む態度」の評価に際しては，単に継続的な行動や積極的な発言を行うなど，性格や行動面の傾向を評価するということではなく，各教科等の「主体的に学習に取り組む態度」に係る観点の趣旨に照らして，知識及び技能を習得したり，

思考力，判断力，表現力等を身に付けたりするために，自らの学習状況を把握し，学習の進め方について試行錯誤するなど自らの学習を調整しながら，学ぼうとしているかどうかという意思的な側面を評価することが重要である。

　従前の「関心・意欲・態度」の観点も，各教科等の学習内容に関心をもつことのみならず，よりよく学ぼうとする意欲をもって学習に取り組む態度を評価するという考え方に基づいたものであり，この点を「主体的に学習に取り組む態度」として改めて強調するものである。

　本観点に基づく評価は，「主体的に学習に取り組む態度」に係る各教科等の評価の観点の趣旨に照らして，

①　知識及び技能を獲得したり，思考力，判断力，表現力等を身に付けたりすることに向けた粘り強い取組を行おうとしている側面

②　①の粘り強い取組を行う中で，自らの学習を調整しようとする側面

という二つの側面を評価することが求められる[2]。（図４参照）

　ここでの評価は，児童生徒の学習の調整が「適切に行われているか」を必ずしも判断するものではなく，学習の調整が知識及び技能の習得などに結び付いていない場合には，教師が学習の進め方を適切に指導することが求められる。

　具体的な評価の方法としては，ノートやレポート等における記述，授業中の発言，教師による行動観察や児童生徒による自己評価や相互評価等の状況を，教師が評価を行う際に考慮する材料の一つとして用いることなどが考えられる。

図４

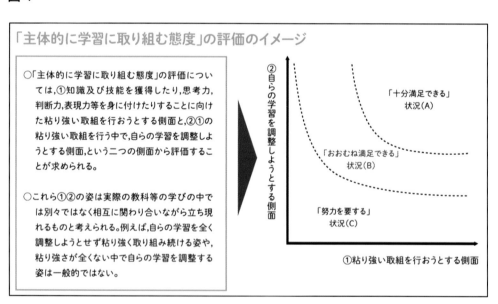

[2] これら①②の姿は実際の教科等の学びの中では別々ではなく相互に関わり合いながら立ち現れるものと考えられることから，実際の評価の場面においては，双方の側面を一体的に見取ることも想定される。例えば，自らの学習を全く調整しようとせず粘り強く取り組み続ける姿や，粘り強さが全くない中で自らの学習を調整する姿は一般的ではない。

　なお，学習指導要領の「２　内容」に記載のない「主体的に学習に取り組む態度」の評価については，後述する第２章１（２）を参照のこと[3]。

5　改善等通知における特別の教科　道徳，外国語活動（小学校），総合的な学習の時間，特別活動の指導要録の記録

　改善等通知においては，各教科の学習の記録とともに，以下の（１）～（４）の各教科等の指導要録における学習の記録について以下のように示されている。

（1）特別の教科　道徳について

　小学校等については，改善等通知別紙１に，「道徳の評価については，28文科初第604号「学習指導要領の一部改正に伴う小学校，中学校及び特別支援学校小学部・中学部における児童生徒の学習評価及び指導要録の改善等について（通知）」に基づき，学習活動における児童の学習状況や道徳性に係る成長の様子を個人内評価として文章で端的に記述する」こととされている（中学校等についても別紙２に同旨）。

（2）外国語活動について（小学校）

　改善等通知には，「外国語活動の記録については，評価の観点を記入した上で，それらの観点に照らして，児童の学習状況に顕著な事項がある場合にその特徴を記入する等，児童にどのような力が身に付いたかを文章で端的に記述すること」とされている。また，「評価の観点については，設置者は，小学校学習指導要領等に示す外国語活動の目標を踏まえ，改善等通知別紙４を参考に設定する」こととされている。

（3）総合的な学習の時間について

　小学校等については，改善等通知別紙１に，「総合的な学習の時間の記録については，この時間に行った学習活動及び各学校が自ら定めた評価の観点を記入した上で，それらの観点のうち，児童の学習状況に顕著な事項がある場合などにその特徴を記入する等，児童にどのような力が身に付いたかを文章で端的に記述すること」とされている。また，「評価の観点については，各学校において具体的に定めた目標，内容に基づいて別紙４を参考に定めること」とされている（中学校等についても別紙２に同旨）。

---

[3] 各教科等によって，評価の対象に特性があることに留意する必要がある。例えば，体育・保健体育科の運動に関する領域においては，公正や協力などを，育成する「態度」として学習指導要領に位置付けており，各教科等の目標や内容に対応した学習評価が行われることとされている。

（4）特別活動について

　　小学校等については，改善等通知別紙１に，「特別活動の記録については，各学校が自ら定めた特別活動全体に係る評価の観点を記入した上で，各活動・学校行事ごとに，評価の観点に照らして十分満足できる活動の状況にあると判断される場合に，○印を記入する」とされている。また，「評価の観点については，学習指導要領等に示す特別活動の目標を踏まえ，各学校において改善等通知別紙４を参考に定める。その際，特別活動の特質や学校として重点化した内容を踏まえ，例えば『主体的に生活や人間関係をよりよくしようとする態度』などのように，より具体的に定めることも考えられる。記入に当たっては，特別活動の学習が学校や学級における集団活動や生活を対象に行われるという特質に留意する」とされている（中学校等についても別紙２に同旨）。

　　なお，特別活動は学級担任以外の教師が指導する活動が多いことから，評価体制を確立し，共通理解を図って，児童生徒のよさや可能性を多面的・総合的に評価するとともに，確実に資質・能力が育成されるよう指導の改善に生かすことが求められる。

6　障害のある児童生徒の学習評価について

　　学習評価に関する基本的な考え方は，障害のある児童生徒の学習評価についても変わるものではない。

　　障害のある児童生徒については，特別支援学校等の助言又は援助を活用しつつ，個々の児童生徒の障害の状態や特性及び心身の発達の段階に応じた指導内容や指導方法の工夫を行い，その評価を適切に行うことが必要である。また，指導内容や指導方法の工夫については，学習指導要領の各教科の「指導計画の作成と内容の取扱い」の「指導計画作成上の配慮事項」の「障害のある児童生徒への配慮についての事項」についての学習指導要領解説も参考となる。

7　評価の方針等の児童生徒や保護者への共有について

　　学習評価の妥当性や信頼性を高めるとともに，児童生徒自身に学習の見通しをもたせるために，学習評価の方針を事前に児童生徒と共有する場面を必要に応じて設けることが求められており，児童生徒に評価の結果をフィードバックする際にも，どのような方針によって評価したのかを改めて児童生徒に共有することも重要である。

　　また，新学習指導要領下での学習評価の在り方や基本方針等について，様々な機会を捉えて保護者と共通理解を図ることが非常に重要である。

第2章　学習評価の基本的な流れ

1　各教科における評価規準の作成及び評価の実施等について

（1）目標と観点の趣旨との対応関係について

　　　評価規準の作成に当たっては，各学校の実態に応じて目標に準拠した評価を行うために，「評価の観点及びその趣旨[4]」が各教科等の目標を踏まえて作成されていること，また同様に，「学年別（又は分野別）の評価の観点の趣旨[5]」が学年（又は分野）の目標を踏まえて作成されていることを確認することが必要である。

　　　なお，「主体的に学習に取り組む態度」の観点は，教科等及び学年（又は分野）の目標の（3）に対応するものであるが，観点別学習状況の評価を通じて見取ることができる部分をその内容として整理し，示していることを確認することが必要である。（図5，6参照）

　　図5

【学習指導要領「教科の目標」】

学習指導要領　各教科等の「第1　目標」

(1)	(2)	(3)
（知識及び技能に関する目標）	（思考力，判断力，表現力等に関する目標）	（学びに向かう力，人間性等に関する目標）[6]

【改善等通知「評価の観点及びその趣旨」】

改善等通知　別紙4　評価の観点及びその趣旨

観点	知識・技能	思考・判断・表現	主体的に学習に取り組む態度
趣旨	（知識・技能の観点の趣旨）	（思考・判断・表現の観点の趣旨）	（主体的に学習に取り組む態度の観点の趣旨）

---

[4] 各教科等の学習指導要領の目標の規定を踏まえ，観点別学習状況の評価の対象とするものについて整理したものが教科等の観点の趣旨である。

[5] 各学年（又は分野）の学習指導要領の目標を踏まえ，観点別学習状況の評価の対象とするものについて整理したものが学年別（又は分野別）の観点の趣旨である。

[6] 学びに向かう力，人間性等に関する目標には，個人内評価として実施するものも含まれている。（P.8 図3参照）※学年（又は分野）の目標についても同様である。

図6

【学習指導要領「学年（又は分野）の目標」】

学習指導要領　各教科等の「第2　各学年の目標及び内容」の学年ごとの「1　目標」

(1)	(2)	(3)
（知識及び技能に関する目標）	（思考力，判断力，表現力等に関する目標）	（学びに向かう力，人間性等に関する目標）

【改善等通知　別紙4「学年別（又は分野別）の評価の観点の趣旨」】

観点	知識・技能	思考・判断・表現	主体的に学習に取り組む態度
趣旨	（知識・技能の観点の趣旨）	（思考・判断・表現の観点の趣旨）	（主体的に学習に取り組む態度の観点の趣旨）

（2）「内容のまとまりごとの評価規準」とは

　　本参考資料では，評価規準の作成等について示す。具体的には，学習指導要領の規定から「内容のまとまりごとの評価規準」を作成する際の手順を示している。ここでの「内容のまとまり」とは，学習指導要領に示す各教科等の「第2　各学年の目標及び内容　2　内容」の項目等をそのまとまりごとに細分化したり整理したりしたものである[7]。平成29年改訂学習指導要領においては資質・能力の三つの柱に基づく構造化が行われたところであり，基本的には，学習指導要領に示す各教科等の「第2　各学年（分野）の目標及び内容」の「2　内容」において[8]，「内容のまとまり」ごとに育成を目指す資質・

---

[7] 各教科等の学習指導要領の「第3　指導計画の作成と内容の取扱い」1(1)に「単元（題材）などの内容や時間のまとまり」という記載があるが，この「内容や時間のまとまり」と，本参考資料における「内容のまとまり」は同義ではないことに注意が必要である。前者は，主体的・対話的で深い学びを実現するため，主体的に学習に取り組めるよう学習の見通しを立てたり学習したことを振り返ったりして自身の学びや変容を自覚できる場面をどこに設定するか，対話によって自分の考えなどを広げたり深めたりする場面をどこに設定するか，学びの深まりをつくりだすために，児童生徒が考える場面と教師が教える場面をどのように組み立てるか，といった視点による授業改善は，1単位時間の授業ごとに考えるのではなく，単元や題材などの一定程度のまとまりごとに検討されるべきであることが示されたものである。後者（本参考資料における「内容のまとまり」）については，本文に述べるとおりである。

[8] 小学校家庭においては，「第2　各学年の内容」，「1　内容」，小学校外国語・外国語活動，中学校外国語においては，「第2　各言語の目標及び内容等」，「1　目標」である。

能力が示されている。このため,「2　内容」の記載はそのまま学習指導の目標となりうるものである[9]。学習指導要領の目標に照らして観点別学習状況の評価を行うに当たり,児童生徒が資質・能力を身に付けた状況を表すために,「2　内容」の記載事項の文末を「～すること」から「～している」と変換したもの等を,本参考資料において「内容のまとまりごとの評価規準」と呼ぶこととする[10]。

　ただし,「主体的に学習に取り組む態度」に関しては,特に,児童生徒の学習への継続的な取組を通して現れる性質を有すること等から[11],「2　内容」に記載がない[12]。そのため,各学年(又は分野)の「1　目標」を参考にしつつ,必要に応じて,改善等通知別紙4に示された学年(又は分野)別の評価の観点の趣旨のうち「主体的に学習に取り組む態度」に関わる部分を用いて「内容のまとまりごとの評価規準」を作成する必要がある。

　なお,各学校においては,「内容のまとまりごとの評価規準」の考え方を踏まえて,学習評価を行う際の評価規準を作成する。

(3)「内容のまとまりごとの評価規準」を作成する際の基本的な手順

　各教科における,「内容のまとまりごとの評価規準」を作成する際の基本的な手順は以下のとおりである。

　学習指導要領に示された教科及び学年(又は分野)の目標を踏まえて,「評価の観点及びその趣旨」が作成されていることを理解した上で,

① 各教科における「内容のまとまり」と「評価の観点」との関係を確認する。

② 【観点ごとのポイント】を踏まえ,「内容のまとまりごとの評価規準」を作成する。

---

[9] 「2　内容」において示されている指導事項等を整理することで「内容のまとまり」を構成している教科もある。この場合は,整理した資質・能力をもとに,構成された「内容のまとまり」に基づいて学習指導の目標を設定することとなる。また,目標や評価規準の設定は,教育課程を編成する主体である各学校が,学習指導要領に基づきつつ児童生徒や学校,地域の実情に応じて行うことが必要である。

[10] 小学校家庭,中学校技術・家庭(家庭分野)については,学習指導要領の目標及び分野の目標の(2)に思考力・判断力・表現力等の育成に係る学習過程が記載されているため,これらを踏まえて「内容のまとまりごとの評価規準」を作成する必要がある。

[11] 各教科等の特性によって単元や題材など内容や時間のまとまりはさまざまであることから,評価を行う際は,それぞれの実現状況が把握できる段階について検討が必要である。

[12] 各教科等によって,評価の対象に特性があることに留意する必要がある。例えば,体育・保健体育科の運動に関する領域においては,公正や協力などを,育成する「態度」として学習指導要領に位置付けており,各教科等の目標や内容に対応した学習評価が行われることとされている。

①，②については，第2編において詳述する。同様に，【観点ごとのポイント】についても，第2編に各教科等において示している。

（4）評価の計画を立てることの重要性

学習指導のねらいが児童生徒の学習状況として実現されたかについて，評価規準に照らして観察し，毎時間の授業で適宜指導を行うことは，育成を目指す資質・能力を児童生徒に育むためには不可欠である。その上で，評価規準に照らして，観点別学習状況の評価をするための記録を取ることになる。そのためには，いつ，どのような方法で，児童生徒について観点別学習状況を評価するための記録を取るのかについて，評価の計画を立てることが引き続き大切である。

毎時間児童生徒全員について記録を取り，総括の資料とするために蓄積することは現実的ではないことからも，児童生徒全員の学習状況を記録に残す場面を精選し，かつ適切に評価するための評価の計画が一層重要になる。

（5）観点別学習状況の評価に係る記録の総括

適切な評価の計画の下に得た，児童生徒の観点別学習状況の評価に係る記録の総括の時期としては，単元（題材）末，学期末，学年末等の節目が考えられる。

総括を行う際，観点別学習状況の評価に係る記録が，観点ごとに複数ある場合は，例えば，次のような方法が考えられる。

・ **評価結果のＡ，Ｂ，Ｃの数を基に総括する場合**

何回か行った評価結果のＡ，Ｂ，Ｃの数が多いものが，その観点の学習の実施状況を最もよく表現しているとする考え方に立つ総括の方法である。例えば，3回評価を行った結果が「ＡＢＢ」ならばＢと総括することが考えられる。なお，「ＡＡＢＢ」の総括結果をＡとするかＢとするかなど，同数の場合や三つの記号が混在する場合の総括の仕方をあらかじめ各学校において決めておく必要がある。

・ **評価結果のＡ，Ｂ，Ｃを数値に置き換えて総括する場合**

何回か行った評価結果Ａ，Ｂ，Ｃを，例えばＡ＝3，Ｂ＝2，Ｃ＝1のように数値によって表し，合計したり平均したりする総括の方法である。例えば，総括の結果をＢとする範囲を［2.5≧平均値≧1.5］とすると，「ＡＢＢ」の平均値は，約2.3［（3＋2＋2）÷3］で総括の結果はＢとなる。

なお，評価の各節目のうち特定の時点に重きを置いて評価を行う場合など，この例のような平均値による方法以外についても様々な総括の方法が考えられる。

（6）観点別学習状況の評価の評定への総括

評定は，各教科の観点別学習状況の評価を総括した数値を示すものである。評定は，児童生徒がどの教科の学習に望ましい学習状況が認められ，どの教科の学習に課題が

認められるのかを明らかにすることにより，教育課程全体を見渡した学習状況の把握と指導や学習の改善に生かすことを可能とするものである。

評定への総括は，学期末や学年末などに行われることが多い。学年末に評定へ総括する場合には，学期末に総括した評定の結果を基にする場合と，学年末に観点ごとに総括した結果を基にする場合が考えられる。

観点別学習状況の評価の評定への総括は，各観点の評価結果をＡ，Ｂ，Ｃの組合せ，又は，Ａ，Ｂ，Ｃを数値で表したものに基づいて総括し，その結果を小学校では３段階，中学校では５段階で表す。

Ａ，Ｂ，Ｃの組合せから評定に総括する場合，各観点とも同じ評価がそろう場合は，小学校については，「ＢＢＢ」であれば２を基本としつつ，「ＡＡＡ」であれば３，「ＣＣＣ」であれば１とするのが適当であると考えられる。中学校については，「ＢＢＢ」であれば３を基本としつつ，「ＡＡＡ」であれば５又は４，「ＣＣＣ」であれば２又は１とするのが適当であると考えられる。それ以外の場合は，各観点のＡ，Ｂ，Ｃの数の組合せから適切に評定することができるようあらかじめ各学校において決めておく必要がある。

なお，観点別学習状況の評価結果は，「十分満足できる」状況と判断されるものをＡ，「おおむね満足できる」状況と判断されるものをＢ，「努力を要する」状況と判断されるものをＣのように表されるが，そこで表された学習の実現状況には幅があるため，機械的に評定を算出することは適当ではない場合も予想される。

また，評定は，小学校については，小学校学習指導要領等に示す各教科の目標に照らして，その実現状況を「十分満足できる」状況と判断されるものを３，「おおむね満足できる」状況と判断されるものを２，「努力を要する」状況と判断されるものを１，中学校については，中学校学習指導要領等に示す各教科の目標に照らして，その実現状況を「十分満足できるもののうち，特に程度が高い」状況と判断されるものを５，「十分満足できる」状況と判断されるものを４，「おおむね満足できる」状況と判断されるものを３，「努力を要する」状況と判断されるものを２，「一層努力を要する」状況と判断されるものを１という数値で表される。しかし，この数値を児童生徒の学習状況について三つ（小学校）又は五つ（中学校）に分類したものとして捉えるのではなく，常にこの結果の背景にある児童生徒の具体的な学習の実現状況を思い描き，適切に捉えることが大切である。評定への総括に当たっては，このようなことも十分に検討する必要がある[13]。

なお，各学校では観点別学習状況の評価の観点ごとの総括及び評定への総括の考え

---

[13] 改善等通知では，「評定は各教科の学習の状況を総括的に評価するものであり，『観点別学習状況』において掲げられた観点は，分析的な評価を行うものとして，各教科の評定を行う場合において基本的な要素となるものであることに十分留意する。その際，評定の適切な決定方法等については，各学校において定める。」と示されている。（P.7，8参照）

方や方法について，教師間で共通理解を図り，児童生徒及び保護者に十分説明し理解を得ることが大切である。

2 総合的な学習の時間における評価規準の作成及び評価の実施等について
（1）総合的な学習の時間の「評価の観点」について

　平成29年改訂学習指導要領では，各教科等の目標や内容を「知識及び技能」，「思考力，判断力，表現力等」，「学びに向かう力，人間性等」の資質・能力の三つの柱で再整理しているが，このことは総合的な学習の時間においても同様である。

　総合的な学習の時間においては，学習指導要領が定める目標を踏まえて各学校が目標や内容を設定するという総合的な学習の時間の特質から，各学校が観点を設定するという枠組みが維持されている。一方で，各学校が目標や内容を定める際には，学習指導要領において示された以下について考慮する必要がある。

> 【各学校において定める目標】
> ・　各学校において定める目標については，各学校における教育目標を踏まえ，総合的な学習の時間を通して育成を目指す資質・能力を示すこと。　　　（第2の3(1)）

　総合的な学習の時間を通して育成を目指す資質・能力を示すとは，各学校における教育目標を踏まえて，各学校において定める目標の中に，この時間を通して育成を目指す資質・能力を，三つの柱に即して具体的に示すということである。

> 【各学校において定める内容】
> ・　探究課題の解決を通して育成を目指す具体的な資質・能力については，次の事項に配慮すること。
> 　ア　知識及び技能については，他教科等及び総合的な学習の時間で習得する知識及び技能が相互に関連付けられ，社会の中で生きて働くものとして形成されるようにすること。
> 　イ　思考力，判断力，表現力等については，課題の設定，情報の収集，整理・分析，まとめ・表現などの探究的な学習の過程において発揮され，未知の状況において活用できるものとして身に付けられるようにすること。
> 　ウ　学びに向かう力，人間性等については，自分自身に関すること及び他者や社会との関わりに関することの両方の視点を踏まえること。　　　（第2の3(6)）

　各学校において定める内容について，今回の改訂では新たに，「目標を実現するにふさわしい探究課題」，「探究課題の解決を通して育成を目指す具体的な資質・能力」の二つを定めることが示された。「探究課題の解決を通して育成を目指す具体的な資質・能力」とは，各学校において定める目標に記された資質・能力を，各探究課題に即して具体的に示したものであり，教師の適切な指導の下，児童生徒が各探究課題の解決に取り組む中で，育成することを目指す資質・能力のことである。この具体的な資質・能力も，「知識及び技能」，「思考力，判断力，表現力等」，「学びに向かう力，人間性等」という

資質・能力の三つの柱に即して設定していくことになる。

このように，各学校において定める目標と内容には，三つの柱に沿った資質・能力が明示されることになる。

したがって，資質・能力の三つの柱で再整理した新学習指導要領の下での指導と評価の一体化を推進するためにも，評価の観点についてこれらの資質・能力に関わる「知識・技能」，「思考・判断・表現」，「主体的に学習に取り組む態度」の3観点に整理し示したところである。

（2）総合的な学習の時間の「内容のまとまり」の考え方

学習指導要領の第2の2では，「各学校においては，第1の目標を踏まえ，各学校の総合的な学習の時間の内容を定める。」とされており，各教科のようにどの学年で何を指導するのかという内容を明示していない。これは，各学校が，学習指導要領が定める目標の趣旨を踏まえて，地域や学校，児童生徒の実態に応じて，創意工夫を生かした内容を定めることが期待されているからである。

この内容の設定に際しては，前述したように「目標を実現するにふさわしい探究課題」，「探究課題の解決を通して育成を目指す具体的な資質・能力」の二つを定めることが示され，探究課題としてどのような対象と関わり，その探究課題の解決を通して，どのような資質・能力を育成するのかが内容として記述されることになる。（図7参照）

図7

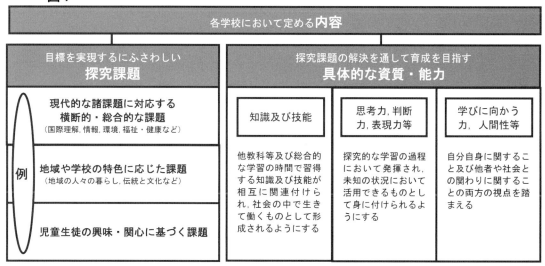

本参考資料第1編第2章の1（2）では，「内容のまとまり」について，「学習指導要領に示す各教科等の『第2　各学年の目標及び内容　2　内容』の項目等をそのまとまりごとに細分化したり整理したりしたもので，『内容のまとまり』ごとに育成を目指す資質・能力が示されている」と説明されている。

したがって，総合的な学習の時間における「内容のまとまり」とは，全体計画に示した「目標を実現するにふさわしい探究課題」のうち，一つ一つの探究課題とその探究課題に応じて定めた具体的な資質・能力と考えることができる。

（3）「内容のまとまりごとの評価規準」を作成する際の基本的な手順

　　総合的な学習の時間における，「内容のまとまりごとの評価規準」を作成する際の基本的な手順は以下のとおりである。

> ①　各学校において定めた目標（第2の1）と「評価の観点及びその趣旨」を確認する。

> ②　各学校において定めた内容の記述（「内容のまとまり」として探究課題ごとに作成した「探究課題の解決を通して育成を目指す具体的な資質・能力」）が，観点ごとにどのように整理されているかを確認する。

> ③【観点ごとのポイント】を踏まえ，「内容のまとまりごとの評価規準」を作成する。

3　特別活動の「評価の観点」とその趣旨，並びに評価規準の作成及び評価の実施等について

（1）特別活動の「評価の観点」とその趣旨について

　　特別活動においては，改善等通知において示されたように，特別活動の特質と学校の創意工夫を生かすということから，設置者ではなく，「各学校で評価の観点を定める」ものとしている。本参考資料では「評価の観点」とその趣旨の設定について示している。

（2）特別活動の「内容のまとまり」

　　小学校においては，学習指導要領の内容の〔学級活動〕「（1）学級や学校における生活づくりへの参画」，「（2）日常の生活や学習への適応と自己の成長及び健康安全」，「（3）一人一人のキャリア形成と自己実現」，〔児童会活動〕，〔クラブ活動〕，〔学校行事〕（1）儀式的行事，（2）文化的行事，（3）健康安全・体育的行事，（4）遠足・集団宿泊的行事，（5）勤労生産・奉仕的行事を「内容のまとまり」とした。

　　中学校においては，学習指導要領の内容の〔学級活動〕「（1）学級や学校における生活づくりへの参画」，「（2）日常の生活や学習への適応と自己の成長及び健康安全」，「（3）一人一人のキャリア形成と自己実現」，〔生徒会活動〕，〔学校行事〕（1）儀式的行事，（2）文化的行事，（3）健康安全・体育的行事，（4）旅行・集団宿泊的行事，（5）勤労生産・奉仕的行事を「内容のまとまり」とした。

（3）特別活動の「評価の観点」とその趣旨，並びに「内容のまとまりごとの評価規準」を作成する際の基本的な手順

　　各学校においては，学習指導要領に示された特別活動の目標及び内容を踏まえ，自校の実態に即し，改善等通知の例示を参考に観点を作成する。その際，例えば，特別活動の特質や学校として重点化した内容を踏まえて，具体的な観点を設定することが考えられる。

また，学習指導要領解説では，各活動・学校行事の内容ごとに育成を目指す資質・能力が例示されている。そこで，学習指導要領で示された「各活動・学校行事の目標」及び学習指導要領解説で例示された「資質・能力」を確認し，各学校の実態に合わせて育成を目指す資質・能力を重点化して設定する。

次に，各学校で設定した，各活動・学校行事で育成を目指す資質・能力を踏まえて，「内容のまとまりごとの評価規準」を作成する。その際，小学校の学級活動においては，学習指導要領で示した「各学年段階における配慮事項」や，学習指導要領解説に示した「発達の段階に即した指導のめやす」を踏まえて，低・中・高学年ごとに評価規準を作成することが考えられる。基本的な手順は以下のとおりである。

① 学習指導要領の「特別活動の目標」と改善等通知を確認する。

② 学習指導要領の「特別活動の目標」と自校の実態を踏まえ，改善等通知の例示を参考に，特別活動の「評価の観点」とその趣旨を設定する。

③ 学習指導要領の「各活動・学校行事の目標」及び学習指導要領解説特別活動編（平成29年7月）で例示した「各活動・学校行事における育成を目指す資質・能力」を参考に，各学校において育成を目指す資質・能力を重点化して設定する。

④ 【観点ごとのポイント】を踏まえ，「内容のまとまりごとの評価規準」を作成する。

（参考）平成23年「評価規準の作成，評価方法等の工夫改善のための参考資料」からの 変更点について

　今回作成した本参考資料は，平成23年の「評価規準の作成，評価方法等の工夫改善のための参考資料」を踏襲するものであるが，以下のような変更点があることに留意が必要である[14]。

　まず，平成23年の参考資料において使用していた「評価規準に盛り込むべき事項」や「評価規準の設定例」については，報告において「現行の参考資料のように評価規準を詳細に示すのではなく，各教科等の特質に応じて，学習指導要領の規定から評価規準を作成する際の手順を示すことを基本とする」との指摘を受け，第2編において示すことを改め，本参考資料の第3編における事例の中で，各教科等の事例に沿った評価規準を例示したり，その作成手順等を紹介したりする形に改めている。

　次に，本参考資料の第2編に示す「内容のまとまりごとの評価規準」は，平成23年の「評価規準の作成，評価方法等の工夫改善のための参考資料」において示した「評価規準に盛り込むべき事項」と作成の手順を異にする。具体的には，「評価規準に盛り込むべき事項」は，平成20年改訂学習指導要領における各教科等の目標，各学年（又は分野）の目標及び内容の記述を基に，学習評価及び指導要録の改善通知で示している各教科等の評価の観点及びその趣旨，学年（又は分野）別の評価の観点の趣旨を踏まえて作成したものである。

　また，平成23年の参考資料では「評価規準に盛り込むべき事項」をより具体化したものを「評価規準の設定例」として示している。「評価規準の設定例」は，原則として，学習指導要領の各教科等の目標，学年（又は分野）別の目標及び内容のほかに，当該部分の学習指導要領解説（文部科学省刊行）の記述を基に作成していた。他方，本参考資料における「内容のまとまりごとの評価規準」については，平成29年改訂の学習指導要領の目標及び内容が育成を目指す資質・能力に関わる記述で整理されたことから，既に確認のとおり，そこでの「内容のまとまり」ごとの記述を，文末を変換するなどにより評価規準とすることを可能としており，学習指導要領の記載と表裏一体をなす関係にあると言える。

　さらに，「主体的に学習に取り組む態度」の「各教科等・各学年等の評価の観点の趣旨」についてである。前述のとおり，従前の「関心・意欲・態度」の観点から「主体的に学習に取り組む態度」の観点に改められており，「主体的に学習に取り組む態度」の観点に関しては各学年（又は分野）の「1　目標」を参考にしつつ，必要に応じて，改善等通知別紙4に示された学年（又は分野）別の評価の観点の趣旨のうち「主体的に学習に取り組む態度」に関わる部分を用いて「内容のまとまりごとの評価規準」を作成する必要がある。

---

[14] 特別活動については，これまでも三つの観点に基づいて児童生徒の資質・能力の育成を目指し，指導に生かしてきたところであり，上記の変更点に該当するものではないことに留意が必要である。

報告にあるとおり，「主体的に学習に取り組む態度」は，現行の「関心・意欲・態度」の観点の本来の趣旨であった，各教科等の学習内容に関心をもつことのみならず，よりよく学ぼうとする意欲をもって学習に取り組む態度を評価することを改めて強調するものである。また，本観点に基づく評価としては，「主体的に学習に取り組む態度」に係る各教科等の評価の観点の趣旨に照らし，

①　知識及び技能を獲得したり，思考力，判断力，表現力等を身に付けたりすることに向けた粘り強い取組を行おうとする側面と，

②　①の粘り強い取組を行う中で，自らの学習を調整しようとする側面，

という二つの側面を評価することが求められるとされた[15]。

　以上の点から，今回の改善等通知で示した「主体的に学習に取り組む態度」の「各教科等・各学年等の評価の観点の趣旨」は，平成22年通知で示した「関心・意欲・態度」の「各教科等・各学年等の評価の観点の趣旨」から改められている。

---

[15] 各教科等によって，評価の対象に特性があることに留意する必要がある。例えば，体育・保健体育科の運動に関する領域においては，公正や協力などを，育成する「態度」として学習指導要領に位置付けており，各教科等の目標や内容に対応した学習評価が行われることとされている。

第2編

「内容のまとまりごとの評価規準」
を作成する際の手順

小学校総合的な学習の時間における評価を行うに当たって

基本的な考え方

報告において，「よりよい学校教育がよりよい社会をつくる」という理念を共有し，学校と社会との連携・協働を求める「社会に開かれた教育課程」の実現に向けて，変化の激しいこれからの社会を生きる子供たちに必要な資質・能力を整理した上で，その育成に向けた教育内容，学習・指導の改善，児童生徒の発達を踏まえた指導，学習評価の在り方など，学習指導要領等の改善に向けた基本的な考え方が示された。また，新しい学習指導要領等の下での各学校における教育課程の編成，実施，評価，改善の一連の取組が，授業改善を含めた学校の教育活動の質の向上につながるものとして組織的，計画的に展開されるよう，各学校におけるカリキュラム・マネジメントの確立を求めている。

この報告を受け，改善等通知では，「この時間に行った学習活動及び各学校が自ら定めた評価の観点を記入した上で，それらの観点のうち，児童の学習状況に顕著な事項がある場合などにその特徴を記入する等，児童にどのような力が身に付いたかを文章で端的に記述する。」としている。また，評価の観点については，「小学校学習指導要領等に示す総合的な学習の時間の目標を踏まえ，各学校において具体的に定めた目標，内容に基づいて別紙4を参考に定める。」とし，「評価の観点及びその趣旨」として以下の表を示した。

＜小学校　総合的な学習の時間の記録＞

観点	知識・技能	思考・判断・表現	主体的に学習に取り組む態度
趣旨	探究的な学習の過程において，課題の解決に必要な知識や技能を身に付け，課題に関わる概念を形成し，探究的な学習のよさを理解している。	実社会や実生活の中から問いを見いだし，自分で課題を立て，情報を集め，整理・分析して，まとめ・表現している。	探究的な学習に主体的・協働的に取り組もうとしているとともに，互いのよさを生かしながら，積極的に社会に参画しようとしている。

従前の評価の観点の例示とその考え方

これまで総合的な学習の時間の評価の観点については，総合的な学習の時間の目標を踏まえ，各学校において具体的に定めた目標，内容に基づいて定めることとされ，次のような例示を参考にするなどして設定されてきた。

【総合的な学習の時間の目標（第1の目標）を踏まえた評価の観点の例】

第1　目標

　横断的・総合的な学習や探究的な学習を通して，自ら課題を見付け，自ら学び，自ら考え，主体的に判断し，よりよく問題を解決する資質や能力を育成するとともに，学び方やものの考え方を身に付け，問題の解決や探究活動に主体的，創造的，協同的に取り組む態度を育て，自己の生き方を考えることができるようにする。

観点例	よりよく問題を解決する資質や能力	学び方やものの考え方	主体的，創造的，協同的に取り組む態度	自己の生き方

【学習指導要領に示された視点（第3の1(4)）を踏まえた評価の観点の例】

第3の1(4)
　育てようとする資質や能力及び態度については，例えば，学習方法に関すること，自分自身に関すること，他者や社会とのかかわりに関することなどの視点を踏まえること。

観点例	課題設定の力 （学習方法）	情報収集の力 （学習方法）	将来設計の力 （自分自身）	社会参画の力 （他者や社会との関わり）

【各教科の観点との関連を明確にした評価の観点の例】

観点例	関心・意欲・態度	思考・判断・表現	技能	知識・理解

今回改訂における評価の観点の考え方

　今回の学習指導要領改訂では，各教科等の目標や内容を「知識及び技能」「思考力，判断力，表現力等」「学びに向かう力，人間性等」の資質・能力の三つの柱で再整理しているが，このことは総合的な学習の時間においても同様である。それは，小学校学習指導要領第5章第2の3の(6) において，探究課題の解決を通して育成を目指す具体的な資質・能力については，

　ア　知識及び技能については，他教科等及び総合的な学習の時間で習得する知識及び技能が相互に関連付けられ，社会の中で生きて働くものとして形成されるようにすること。

　イ　思考力，判断力，表現力等については，課題の設定，情報の収集，整理・分析，まとめ・表現などの探究的な学習の過程において発揮され，未知の状況において活用できるものとして身に付けられるようにすること。

　ウ　学びに向かう力，人間性等については，自分自身に関すること及び他者や社会との関わりに関することの両方の視点を踏まえること。

に配慮するとされたことからも明らかである。

　総合的な学習の時間においては，学習指導要領が定める目標を踏まえて各学校が目標や内容を設定するという総合的な学習の時間の特質から，各学校が観点を設定するという枠組みが維持されているが，資質・能力の三つの柱で再整理した新学習指導要領の下での指導と評価の一体化を推進するためにも，評価の観点についてこれらの資質・能力に関わる「知識・技能」，「思考・判断・表現」，「主体的に学習に取り組む態度」の3観点に整理し示したところである。

　なお，指導要録については，これまでどおり，実施した「学習活動」，「評価の観点」，「評価」の三つの欄で構成し，その児童のよさや成長の様子など顕著な事項を文章で記述することが考えられる。

1　総合的な学習の時間における「内容のまとまり」

　学習指導要領には，各教科等のようにどの学年で何を指導するのかという内容を明示していないため，各学校においては，学習指導要領が定める目標を踏まえ，各学校の総合的な学習の時間の内容を定めることになる。これは，各学校が，学習指導要領が定める目標の趣旨を踏まえて定めた目標の下で，地域や学校，児童の実態に応じて，創意工夫を生かした内容を定めることが期待されているからである。

　今回の改訂において，総合的な学習の時間については，内容の設定に際し，「目標を実現するにふさわしい探究課題」，「探究課題の解決を通して育成を目指す具体的な資質・能力」の二つを定めることが示された。

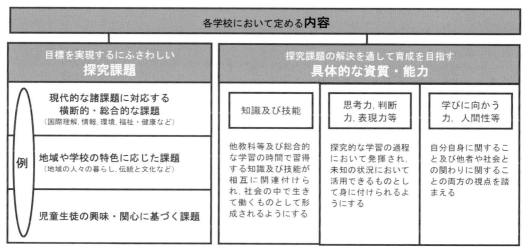

（小学校学習指導要領解説　P 18）

【目標を実現するにふさわしい探究課題（例）】

　目標を実現するにふさわしい探究課題とは，目標の実現に向けて学校として設定した，児童が探究的な学習に取り組む課題であり，従来「学習対象」として説明されてきたものに相当する。つまり，探究課題とは，探究的に関わりを深める人・もの・ことを示したものである。

　具体的には，例えば「身近な自然環境とそこに起きている環境問題」，「地域の伝統や文化とその継承に力を注ぐ人々」，「実社会で働く人々の姿と自己の将来」などが考えられる。

三つの課題	探究課題の例
横断的・総合的な課題（現代的な諸課題）	地域に暮らす外国人とその人たちが大切にしている文化や価値観（国際理解）
	情報化の進展とそれに伴う日常生活や社会の変化（情報）
	身近な自然環境とそこに起きている環境問題（環境）
	身の回りの高齢者とその暮らしを支援する仕組みや人々（福祉）
	毎日の健康な生活とストレスのある社会（健康）
	自分たちの消費生活と資源やエネルギーの問題（資源エネルギー）
	安心・安全な町づくりへの地域の取組と支援する人々（安全）
	食をめぐる問題とそれに関わる地域の農業や生産者（食）
	科学技術の進歩と自分たちの暮らしの変化（科学技術）
	など
地域や学校の特色に応じた課題	町づくりや地域活性化のために取り組んでいる人々や組織（町づくり）
	地域の伝統や文化とその継承に力を注ぐ人々（伝統文化）
	商店街の再生に向けて努力する人々と地域社会（地域経済）
	防災のための安全な町づくりとその取組（防災）
	など
児童の興味・関心に基づく課題	実社会で働く人々の姿と自己の将来（キャリア）
	ものづくりの面白さや工夫と生活の発展（ものづくり）
	生命現象の神秘や不思議さと，そのすばらしさ（生命）
	など

（小学校学習指導要領解説　P 77）

【探究課題の解決を通して育成を目指す具体的な資質・能力】

探究課題の解決を通して育成を目指す具体的な資質・能力とは，各学校において定める目標に記された資質・能力を各探究課題に即して具体的に示したものであり，教師の適切な指導の下，児童が各探究課題の解決に取り組む中で，育成することを目指す資質・能力のことである。資質・能力の三つの柱に沿って明らかにしていくことが求められる。

(1) 知識及び技能

探究的な学習の過程において，それぞれの課題についての事実的知識や技能が獲得される。この「知識及び技能」は，各学校が設定する内容に応じて異なることが考えられる。一方，事実的知識は探究の過程が繰り返され，連続していく中で，何度も活用され発揮されていくことで，構造化され生きて働く概念的な知識へと高まっていく。また，技能についても，何度も活用され発揮されていくことで，自在に活用可能な技能として身に付いていく。

総合的な学習の時間では，各教科等の枠を超えて，知識や技能の統合がなされていくことにより，より一般化された概念的なものを学ぶことができる。

(2) 思考力，判断力，表現力等

「思考力，判断力，表現力等」の育成については，課題の解決に向けて行われる横断的・総合的な学習や探究的な学習において，①課題の設定，②情報の収集，③整理・分析，④まとめ・表現の探究的な学習の過程が繰り返され，連続することによって実現される。この過程では，「探究的な見方・考え方」を働かせながら，それぞれの過程で期待される資質・能力が育成される。

この資質・能力については，これまで各学校で設定する「育てようとする資質や能力及び態度」の視点として「学習方法に関すること」としていたことに対応している。

(3) 学びに向かう力，人間性等

「学びに向かう力，人間性等」は，自分自身に関すること及び他者や社会との関わりに関することの両方の視点を踏まえることと示されている。自分自身に関することとしては，主体性や自己理解，社会参画などに関わる心情や態度，他者や社会との関わりに関することとしては，協働性，他者理解，社会貢献などに関わる心情や態度が考えられる。

一方，自分自身に関することと他者や社会との関わりに関することとは截然と区別されるものではなく，例えば，社会に参画することや社会への貢献のように，それぞれは，積極的に社会参画をしていこうという態度を育むという意味においては他者や社会との関わりに関することであるが，探究的な活動を通して学んだことと自己理解とを結び付けながら自分の将来について夢や希望をもとうとすることは，自分自身に関することとも深く関わることであると考えることもできる。

以上のように，総合的な学習の時間の「内容のまとまり」は，目標を実現するにふさわしい探究課題と，探究課題の解決を通して育成を目指す具体的な資質・能力の二つによって構成される。両者の関係については，目標の実現に向けて，児童が「何について学ぶか」を表したものが探究課題であり，各探究課題との関わりを通して，具体的に「どのようなことができるようになるか」を明らかにしたものが具体的な資質・能力という関係になる。

本参考資料第1編第2章の1（2）では，「内容のまとまり」について，学習指導要領に示す各教

科等の「第2　各学年の目標及び内容　2　内容」の項目等をそのまとまりごとに細分化したり整理したりしたもので，「内容のまとまり」ごとに育成を目指す資質・能力が示されている，と説明されている。

　したがって，総合的な学習の時間における「内容のまとまり」とは，一つ一つの探究課題とその探究課題に応じて定めた具体的な資質・能力と考えることができる。

2　小学校総合的な学習の時間における「内容のまとまりごとの評価規準」作成の基本的な手順

　「内容のまとまりごとの評価規準」は，第1編に示した基本的な手順を踏まえ，各教科等の特質に応じた形で作成する。各教科等の特質に応じた「内容のまとまりごとの評価規準」作成の具体的な手順については，次ページ以降に記載している。

---

① 各学校において定めた目標（第2の1）と「評価の観点及びその趣旨」を確認する。

② 各学校において定めた内容の記述（「内容のまとまり」として探究課題ごとに作成した「探究課題の解決を通して育成を目指す具体的な資質・能力」）が，観点ごとにどのように整理されているかを確認する。

③ 【観点ごとのポイント】を踏まえ，「内容のまとまりごとの評価規準」を作成する。

3　小学校総合的な学習の時間における「内容のまとまりごとの評価規準」作成の手順

＜例＞

【小学校学習指導要領 第5章　総合的な学習の時間「第1　目標」】

　探究的な見方・考え方を働かせ，横断的・総合的な学習を行うことを通して，よりよく課題を解決し，自己の生き方を考えていくための資質・能力を次のとおり育成することを目指す。

	（1）	（2）	（3）
目標	探究的な学習の過程において，課題の解決に必要な知識及び技能を身に付け，課題に関わる概念を形成し，探究的な学習のよさを理解するようにする。	実社会や実生活の中から問いを見いだし，自分で課題を立て，情報を集め，整理・分析して，まとめ・表現することができるようにする。	探究的な学習に主体的・協働的に取り組むとともに，互いのよさを生かしながら，積極的に社会に参画しようとする態度を養う。

（小学校学習指導要領 P.179）

【改善等通知　別紙4　3.総合的な学習の時間の記録（1）評価の観点及びその趣旨

〈小学校　総合的な学習の時間の記録〉】

観点	知識・技能	思考・判断・表現	主体的に学習に取り組む態度
趣旨	探究的な学習の過程において，課題の解決に必要な知識や技能を身に付け，課題に関わる概念を形成し，探究的な学習のよさを理解している。	実社会や実生活の中から問いを見いだし，自分で課題を立て，情報を集め，整理・分析して，まとめ・表現している。	探究的な学習に主体的・協働的に取り組もうとしているとともに，互いのよさを生かしながら，積極的に社会に参画しようとしている。

（改善等通知　別紙4　P.30）

【A小学校の例】

① 各学校において定めた目標（第2の1）と「評価の観点及びその趣旨」を確認する。

【学校において定めた総合的な学習の時間の目標】

　探究的な見方・考え方を働かせ，地域の人，もの，ことに関わる総合的な学習を通して，目的や根拠を明らかにしながら課題を解決し，自己の生き方を考えることができるようにするために，以下の資質・能力を育成する。

	（1）	（2）	（3）
目標	地域の人，もの，ことにかかわる探究的な学習の過程において，課題の解決に必要な知識及び技能を身に付けるとともに，地域の特徴やよさが分かり，それらが人々の努力や工夫によって支えられていることを理解する。	地域の人，もの，ことの中から問いを見いだし，その解決に向けて見通しをもって調べ，集めた情報を整理.分析し，根拠を明らかにしてまとめ・表現する力を身に付ける。	地域の人，もの，ことについての探究的な学習に主体的・協働的に取り組むとともに，互いのよさを生かしながら，持続可能な社会を実現するための行動の仕方を考え，自ら社会に参画しようとする態度を養う。

（学習指導要領解説総合的な学習の時間編　P.71を参考に例示）

※各学校においては，以下に留意して，各学校における総合的な学習の時間の目標を定める。
　・「第1の目標」を踏まえる。〔第2の1〕
　・教育目標を踏まえ，育成を目指す資質・能力を示す。〔第2の3(1)〕
　・他教科等で育成を目指す資質・能力との関連を重視する。〔第2の3(2)〕
　・日常生活や社会との関わりを重視する。〔第2の3(3)〕

観点	知識・技能	思考・判断・表現	主体的に学習に取り組む態度
趣旨	地域の人，もの，ことにかかわる探究的な学習の過程において，課題の解決に必要な知識及び技能を身に付けているとともに，地域の特徴やよさが分かり，それらが人々の努力や工夫によって支えられていることを理解している。	地域の人，もの，ことの中から問いを見いだし，その解決に向けて見通しをもって調べ，集めた情報を整理.分析し，根拠を明らかにしてまとめ・表現する力を身に付けている。	地域の人，もの，ことについての探究的な学習に主体的・協働的に取り組もうとしているとともに，互いのよさを生かしながら，持続可能な社会を実現するための行動の仕方を考え，自ら社会に参画しようとしている。

【学校において定めた総合的な学習の時間の評価の観点の趣旨】
※「知識・技能」の観点の趣旨の作成
　　学校において定めた目標のうち(1)の文末を「～について理解している」，「～を身に付けている」などとして設定することが考えられる。

※「思考・判断・表現」の観点の趣旨の作成

　　学校において定めた目標のうち(2)の文末を「〜している」として設定することが考えられる。

※「主体的に学習に取り組む態度」の観点の趣旨の作成

　　学校において定めた目標のうち(3)の文末を「〜しようとしている」として設定することが考えられる。

---

② 各学校において定めた内容の記述（「内容のまとまり」として探究課題ごとに作成した「探究課題の解決を通して育成を目指す具体的な資質・能力」）が，観点ごとにどのように整理されているかを確認する。

※ 総合的な学習の時間における「内容のまとまり」とは，一つ一つの探究課題とその探究課題に応じて定めた具体的な資質・能力と考えることができる。これらを踏まえて，次の③の手順で「内容のまとまりごとの評価規準」を作成できる。

【内容のまとまり（A小学校4学年の例)】

目標を実現するにふさわしい探究課題	探究課題の解決を通して育成を目指す具体的な資質・能力		
	知識及び技能	思考力，判断力，表現力等	学びに向かう力，人間性等
身近な自然環境とそこに起きている環境問題	・生物はその周辺の環境と関わって生きていることを理解する。 ・調査活動を，目的や対象に応じた適切さで実施することができる。 ・環境と生物とが共生していることの理解は，自然環境とそこに生息する生物との関係を探究的に学習してきたことの成果であることに気付く。	・地域の自然環境への関わりを通して感じた関心をもとに課題をつくり，解決の見通しをもつことができる。 ・課題の解決に必要な情報を，手段を選択して多様に収集し，種類に合わせて蓄積することができる。 ・課題解決に向けて，観点に合わせて情報を整理し考えることができる。 ・相手や目的に応じて，分かりやすく表現することができる。	・課題解決に向け，自分のよさに気付き，探究活動に進んで取り組もうとする。 ・自分と違う意見や考えのよさを生かしながら協働して学び合おうとする。 ・地域との関わりの中で自分でできることを見付けようとする。

③　【観点ごとのポイント】を踏まえ，「内容のまとまりごとの評価規準」を作成する。

（1）「内容のまとまりごとの評価規準」を作成する際の【観点ごとのポイント】

○「知識・技能」のポイント
　・②の⑴において記載事項の文末を，例えば「理解する」から「理解している」などとすることにより，「内容のまとまり」に対応する評価規準を作成することが可能である。

○「思考・判断・表現」のポイント
　・②の⑵において記載事項の文末を，例えば「できる」から「している」などとすることにより，「内容のまとまり」に対応する評価規準を作成することが可能である。

○「主体的に学習に取り組む態度」のポイント
　・②の⑶において記載事項の文末を，例えば「しようとする」から「しようとしている」などとすることにより，「内容のまとまり」に対応する評価規準を作成することが可能である。

（2）「内容のまとまり」と「内容のまとまりごとの評価規準」の作成例

内容のまとまり			
探究課題	探究課題の解決を通して育成を目指す具体的な資質・能力		
	知識及び技能	思考力，判断力，表現力等	学びに向かう力，人間性等
身近な自然環境とそこに起きている環境問題	・生物はその周辺の環境と関わって生きていることを理解する。 ・調査活動を，目的や対象に応じた適切さで実施することができる。 ・環境と生物とが共生していることの理解は，自然環境とそこに生息する生物との関係を探究的に学習してきたことの成果であることに気付く。	・地域の自然環境への関わりを通して感じた関心をもとに課題をつくり，解決の見通しをもつことができる。 ・課題の解決に必要な情報を，手段を選択して多様に収集し，種類に合わせて蓄積することができる。 ・課題解決に向けて，観点に合わせて情報を整理し考えることができる。 ・相手や目的に応じて，分かりやすく表現することができる。	・課題解決に向け，自分のよさに気付き，探究活動に進んで取り組もうとする。 ・自分と違う意見や考えのよさを生かしながら協働して学び合おうとする。 ・地域との関わりの中で自分でできることを見付けようとする。

内容のまとまりごとの評価規準			
探究課題	評価の観点		
	知識・技能	思考・判断・表現	主体的に学習に取り組む態度
身近な自然環境とそこに起きている環境問題	・生物はその周辺の環境と関わって生きていることを理解している。 ・調査活動を，目的や対象に応じた適切さで実施している。 ・環境と生物とが共生していることの理解は，自然環境とそこに生息する生物との関係を探究的に学習してきたことの成果であることに気付いている。	・地域の自然環境への関わりを通して感じた関心をもとに課題をつくり，解決の見通しをもっている。 ・課題の解決に必要な情報を，手段を選択して多様に収集し，種類に合わせて蓄積している。 ・課題解決に向けて，観点に合わせて情報を整理し考えている。 ・相手や目的に応じて，分かりやすく表現している。	・課題解決に向け，自分のよさに気付き，探究活動に進んで取り組もうとしている。 ・自分と違う意見や考えのよさを生かしながら協働して学び合おうとしている。 ・地域との関わりの中で自分でできることを見付けようとしている。

第３編

単元ごとの学習評価について

（事例）

第1章 「内容のまとまりごとの評価規準」の考え方を踏まえた評価規準の作成

1 本編事例における学習評価の進め方について

単元における観点別学習状況の評価を実施するに当たり，まずは年間の指導と評価の計画を確認することが重要である。その上で，学習指導要領の目標や内容，「内容のまとまりごとの評価規準」の考え方等を踏まえ，以下のように進めることが考えられる。なお，複数の単元にわたって評価を行う場合など，以下の方法によらない事例もあることに留意する必要がある。

評価の進め方	留意点
1 **単元の目標を作成する**	○ 学校において定める総合的な学習の時間の内容をよりどころとして，中核となる学習活動をもとに，どのような学習を通して，どのような資質・能力を育成することを目指すのかを明確にして単元の目標を作成する。 ○ 単元の目標を踏まえ，具体的な学習活動を視野に入れ「単元の評価規準」を作成する。
2 **単元の評価規準を作成する**	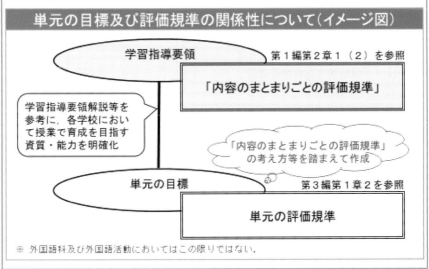
3 **「指導と評価の計画」を作成する**	○ 1，2を踏まえ，具体的な学習活動に沿って，評価場面や評価方法等を計画する。 ○ どのような評価資料をもとに評価するかを考え，その結果をもとに指導する具体的な手立てを明らかにする。
授業を行う	○ 3を踏まえて評価を行い，児童の学習改善や教師の指導改善につなげる。
4 **総括する**	○ 活動や学習の過程，作品や成果物，発表や討論などに見られる学習の状況や成果などについて，児童のよい点，学習に対する意欲や態度，進歩の状況などを踏まえて，評価結果を総括する。

単元の目標及び評価規準の関係性について（イメージ図）

学習指導要領　　第1編第2章1（2）を参照
「内容のまとまりごとの評価規準」

学習指導要領解説等を参考に，各学校において授業で育成を目指す資質・能力を明確化

「内容のまとまりごとの評価規準」の考え方等を踏まえて作成

単元の目標　　第3編第1章2を参照
単元の評価規準

※ 外国語科及び外国語活動においてはこの限りではない。

2　単元の評価規準の作成のポイント

（1）総合的な学習の時間における単元及び単元の目標

　学習指導要領には，各教科等のようにどの学年で何を指導するのかという内容を明示していない。各学校は，学習指導要領が定める目標等を踏まえ，総合的な学習の時間の目標及び内容を定めることとされている。

　総合的な学習の時間における内容は，目標を実現するにふさわしい探究課題と，探究課題の解決を通して育成を目指す具体的な資質・能力の二つによって構成される。両者の関係については，目標の実現に向けて，児童が「何について学ぶか」を表したものが探究課題であり，各探究課題との関わりを通して，具体的に「どのようなことができるようになるか」を明らかにしたものが具体的な資質・能力という関係になる。（表１）。

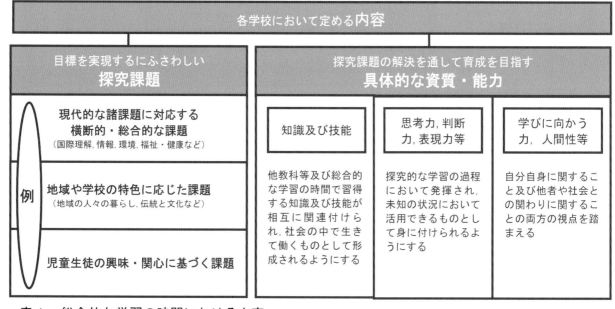

表1　総合的な学習の時間における内容

　総合的な学習の時間における「内容のまとまり」とは，全体計画に示した「目標を実現するにふさわしい探究課題」のうち，一つ一つの探究課題とその探究課題に応じて定めた具体的な資質・能力と考えることができる。

　この「内容のまとまり」を踏まえて，教師が意図やねらいをもって作成するのが単元の計画である。この単元は，課題の解決や探究的な学習活動が発展的に繰り返される一連の学習活動のまとまりとして構成される。

　単元の目標は，どのような学習活動を通して，児童にどのような資質・能力を育成することを目指すのかを明確に示したものであり，「内容のまとまり」を基に，中核となる学習活動を踏まえ設定する。

（2）単元の目標及び単元の評価規準の作成

単元の目標及び単元の評価規準は，以下の手順で作成する。

※「内容のまとまり」から「内容のまとまりごとの評価規準」を作成する手順は，P35〜P36 参照。

〔単元の目標及び単元の評価規準を作成する手順〕

① 「内容のまとまり」をもとに，単元全体を見通して，単元の目標を作成する。

② 「内容のまとまりごとの評価規準」をもとに，具体的な学習活動から目指すべき学習状況としての児童の姿を想定し，単元の評価規準を作成する。

（例） 第4学年 環境に関する「内容のまとまり」をもとに作成した例

① 「内容のまとまり」をもとに，単元全体を見通して，単元の目標を作成する。

内容のまとまり			
目標を実現するにふさわしい探究課題	探究課題の解決を通して育成を目指す具体的な資質・能力		
	知識及び技能	思考力，判断力，表現力等	学びに向かう力，人間性等
身近な自然環境とそこに起きている環境問題	・生物はその周辺の環境と関わって生きていることを理解する。 ・調査活動を，目的や対象に応じた適切さで実施することができる。 ・環境と生物とが共生していることの理解は，自然環境とそこに生息する生物との関係を探究的に学習してきたことの成果であることに気付く。	・地域の自然環境への関わりを通して感じた関心をもとに課題をつくり，解決の見通しをもつことができる。 ・課題の解決に必要な情報を，手段を選択して多様に収集し，種類に合わせて蓄積することができる。 ・課題解決に向けて，観点に合わせて情報を整理し考えることができる。 ・相手や目的に応じて，分かりやすく表現することができる。	・課題解決に向け，自分のよさに気付き，探究活動に進んで取り組もうとする。 ・自分と違う意見や考えのよさを生かしながら協働して学び合おうとする。 ・地域との関わりの中で自分にできることを見付けようとする。

〔単元の目標〕

　みどり川の自然環境に関わったり環境の保全に向けた取組を行ったりすることを通して_ア，多様な生物が周辺の環境と関わって生きていることを理解し_イ，持続可能な視点から自然環境の在り方について考える_ウとともに，自らの生活や行動に生かすことができる_エようにする。

※ この例では，「内容のまとまり」をもとに単元全体を見通して，総括的に目標を示すとともに，以下の4つの要素を構造的に配列し，単元の目標を作成している。

　ア　探究課題を踏まえた単元において中心となる学習対象や学習活動

　イ　育成を目指す具体的な資質・能力のうち，単元において重視する「知識及び技能」

　ウ　育成を目指す具体的な資質・能力のうち，単元において重視する「思考力，判断力，表現力等」

　エ　育成を目指す具体的な資質・能力のうち，単元において重視する「学びに向かう力，人間性等」

※　イ〜エは，アとの関わりにおいて作成する。

② 「内容のまとまりごとの評価規準」をもとに，具体的な学習活動から目指すべき学習状況としての児童の姿を想定し，単元の評価規準を作成する。

探究課題	内容のまとまりごとの評価規準		
	評価の観点		
	知識・技能	思考・判断・表現	主体的に学習に取り組む態度
身近な自然環境とそこに起きている環境問題	・生物はその周辺の環境と関わって生きていることを理解している。 ・調査活動を，目的や対象に応じた適切さで実施している。 ・環境と生物とが共生していることの理解は，自然環境とそこに生息する生物との関係を探究的に学習してきたことの成果であることに気付いている。	・地域の自然環境への関わりを通して感じた関心をもとに課題をつくり，解決の見通しをもっている。 ・課題の解決に必要な情報を，手段を選択して多様に収集し，種類に合わせて蓄積している。 ・課題解決に向けて，観点に合わせて情報を整理し考えている。 ・相手や目的に応じて，分かりやすく表現している。	・課題解決に向け，自分のよさに気付き，探究活動に進んで取り組もうとしている。 ・自分と違う意見や考えのよさを生かしながら協働して学び合おうとしている。 ・地域との関わりの中で自分にできることを見付けようとしている。

単元名	単元の評価規準		
	評価の観点		
	知識・技能	思考・判断・表現	主体的に学習に取り組む態度
大好き みどり川	①みどり川の生物は，互いの特徴を生かし周りの環境と関わって生きていることを理解している。 ②みどり川にすむ生物の状況を捉えるために，生物種や生息環境に応じた方法でフィールドワークを実施している。 ③みどり川の環境と自分たちの生活がつながっていることの理解は，川とそこに生息する生物との関係を探究的に学習してきたことの成果であることに気付いている。	①みどり川の環境の変化について，水質調査と踏査活動を結び付けて水質悪化の問題を見付け出し，課題を明らかにしている。 ②みどり川の現状を捉えるために必要な情報について，手段を選択して多様な方法で収集したり，種類に応じて蓄積したりしている。 ③課題の解決に必要な情報を取捨選択したり，複数の情報を比較したり関係付けたりしながら解決に向けて考えている。 ④みどり川の環境の保全を訴えることについて，調査結果をグラフや地図，写真を使って効果的に表し，報告書にまとめている。	①課題解決に向けた自己の取組を振り返ることを通して，自分の意思で探究的な活動に取り組もうとしている。 ②環境保全に向けた探究的な活動体験を通して，自分と違う友達の考えを生かしながら，協働して課題解決に取り組もうとしている。 ③環境保全のために自分でできることに取り組むことを通して，自分と身近な環境との関わりを見直そうとしている。

育成を目指す資質・能力を踏まえた「単元の評価規準」の作成のポイント

　「単元の評価規準」を作成するに当たっては，「内容のまとまりごとの評価規準」を参考にすることが考えられる。作成する際には，単元で行う学習活動やどのような資質・能力を重視するかによって具体的に記述することが求められる。その際，観点毎に次のポイントを参考にして作成することが考えられる。なお，「単元の評価規準」の指導計画への位置付けについては，総括的な評価を行うためにも，児童の姿となって表れやすい場面，全ての児童を見取りやすい場面を選定することが大切である。

　なお，ここにおいて示した「単元の評価規準」の作成のポイントについては，「小学校学習指導要領解説　総合的な学習の時間編（平成29年7月）」13～17頁，78～82頁も参考にしてほしい。

（1）知識・技能

　「知識・技能」の観点については，「①概念的な知識の獲得」，「②自在に活用することが可能な技能の獲得」，「③探究的な学習のよさの理解」の三つに関する評価規準を作成することが考えられる。

①　知識については，事実に関する知識を関連付けて構造化し，統合された概念として形成されることが期待されている。したがって，概念的な知識を獲得している児童の姿を評価規準として設定することが考えられる。例えば，「みどり川の生物は，互いの特徴を生かし，周りの環境と関わって生きていることを理解している」のように，相互性に関する概念的な知識の獲得として評価規準を設定することが考えられる。

②　技能については，手順に関する知識を関連付けて構造化し，特定の場面や状況だけではなく日常の様々な場面や状況で活用可能な技能として身に付けることが期待されている。したがって，身に付いた技能が，いつでも，滑らかに，安定して，素早く行われているなどの児童の姿を評価規準として設定することが考えられる。例えば，「みどり川にすむ生物の状況を捉えるために，生物種や生息環境に応じた方法でフィールドワークを実施している」，「ウェブサイトから，検索ソフトを使って，短い時間にたくさんの情報を収集している」，「アンケートによる街頭調査を，相手や場面に応じた適切さで実施している」などとして評価規準を設定することが考えられる。

③　総合的な学習の時間においては，①②とともに，**探究的な学習のよさの理解**として，資質・能力の変容を自覚すること，学習対象に対する認識が高まること，学習が生活とつながることなどを，探究的に学習してきたことと結び付けて理解することが期待されている。したがって，探究的な学習のよさを理解しているなどの児童の姿を評価規準として設定することが考えられる。例えば，「環境と自分たちの生活がつながっていることの理解は，川とそこに生息する生物との関係を探究的に学習してきたことの成果であると気付いている。」のように，学習と生活とのつながりの理解として評価規準を設定することが考えられる。

（2）思考・判断・表現

　「思考・判断・表現」の観点については，「①課題の設定」，「②情報の収集」，「③整理・分析」，「④まとめ・表現」の過程で育成される資質・能力を児童の姿として示して，評価規準を作成することが考えられる。

　①「課題の設定」については，実社会や実生活に広がっている複雑な問題に向き合って，自らの力で

解決の方向を明らかにし，見通しをもって計画的に取り組むことができるようになることが期待されている。

評価規準の設定に当たっては，例えば，

・複雑な問題状況の中から課題を発見し設定する

・解決の方法や手順を考え，確かな見通しをもって計画を立てる

などの視点で設定することが考えられる。

② **「情報の収集」**については，情報収集の手段を意図的・計画的に用いたり，解決の過程や結果を見通したりして，多様で効率的な情報収集が行われるようになることが期待されている。

評価規準の設定に当たっては，例えば，

・情報を効率的に収集する手段を選択する

・必要な情報を多様な方法で収集し，種類に合わせて蓄積する

などの視点で設定することが考えられる。

③ **「整理・分析」**については，収集した情報を取捨選択すること，情報の傾向を見付けること，複数の情報を組み合わせて新しい関係を見いだすことなどが期待されている。

評価規準の設定に当たっては，例えば，

・異なる情報の共通点や差異点を見付け，関係や傾向を明らかにする

・事象を比較したり関連付けたりして，確かな理由や根拠をもつ

などの視点で設定することが考えられる。

④ **「まとめ・表現」**については，整理・分析した結果や自分の考えをまとめたり他者に伝えたりすること，振り返ることで対象や自分自身に対する理解が深まることなどが期待されている。

評価規準の設定に当たっては，例えば，

・相手や目的に応じて効果的な表現をする

・学習を振り返り，自己の成長を自覚し，学習や生活に生かす

などの視点で設定することが考えられる。

（3）主体的に学習に取り組む態度

今回の改訂において**「主体的に学習に取り組む態度」**の観点については，「粘り強さ」や「学習の調整」を重視することとしている。これらは，自他を尊重する「①自己理解・他者理解」，自ら取り組んだり力を合わせたりする「②主体性・協働性」，未来に向かって継続的に社会に関わろうとする「③将来展望・社会参画」などについて育成される資質・能力を児童の姿として示して，評価規準を作成することが考えられる。

① **「自己理解・他者理解」**については，例えば，

・自分の生活を見直し，自分の特徴やよさを理解しようとする

・異なる意見や他者の考えを受け入れて尊重しようとする

などの視点で設定することができる。

② **「主体性・協働性」**については，例えば，

・自分の意思で目標に向かって課題の解決に取り組む

・自他のよさを生かしながら協力して問題の解決に取り組む

などの視点で設定することができる。

③「将来展望・社会参画」については，例えば，

　　・自己の生き方を考え，夢や希望をもち続ける

　　・実社会や実生活の問題の解決に，自分のこととして取り組む

などの視点で設定することができる。

（4）その他

　「単元の評価規準」を作成するに当たっては，実際の学習活動や学習場面をイメージし，資質・能力を発揮する児童の姿を想定することが大切である。その際，実際に行う学習活動や扱う学習対象と，発揮される資質・能力とを具体的に描くことが必要になる。

　例えば，「みどり川の環境の変化について，水質調査と踏査活動を結び付けて水質悪化の問題を見付け出し，課題を明らかにしている。」，「河川の環境保全を訴えることについて，調査結果をグラフや地図，写真を使って効果的に表し，報告書にまとめている。」などと設定することができる。ここでは，発揮される資質・能力を活動や場面に即して具体的に描くことで，児童の姿がどのような学習状況にあるのかを適切に判断し，確かに評価することを可能にしていく。

第2章　学習評価に関する事例について

1　事例の特徴

　第1編第1章2（4）で述べた学習評価の改善の基本的な方向性を踏まえつつ，平成29年改訂学習指導要領の趣旨・内容の徹底に資する評価の事例を示すことができるよう，本参考資料における事例は，原則として以下のような方針を踏まえたものとしている。

○　単元に応じた評価規準の設定から評価の総括までとともに，児童の学習改善及び教師の指導改善までの一連の流れを示している

　　本参考書で提示する事例は，いずれも，単元の評価規準の設定から評価の総括までとともに，評価結果を児童の学習改善や教師の指導改善に生かすまでの一連の学習評価の流れを念頭においたものである（事例の一つは，この一連の流れを特に詳細に示している）。なお，観点別の学習状況の評価については，「おおむね満足できる」状況，「十分満足できる」状況，「努力を要する」状況と判断した児童の具体的な状況の例などを示している。「十分満足できる」状況という評価になるのは，児童が実現している学習の状況が質的な高まりや深まりをもっていると判断されるときである。

○　観点別の学習状況について評価する時期や場面の精選について示している

　　報告や改善等通知では，学習評価については，日々の授業の中で児童の学習状況を適宜把握して指導の改善に生かすことに重点を置くことが重要であり，観点別の学習状況についての評価は，毎回の授業ではなく原則として単元や題材など内容や時間のまとまりごとに，それぞれの実現状況を把握できる段階で行うなど，その場面を精選することが重要であることが示された。このため，観点別の学習状況について評価する時期や場面の精選について，「指導と評価の計画」の中で，具体的に示している。

○　評価方法の工夫を示している

　　児童の反応やノート，ワークシート，作品等の評価資料をどのように活用したかなど，評価方法の多様な工夫について示している。

2　各事例概要一覧と事例

事例1　キーワード　指導と評価の計画，三つの観点の評価，評価結果の総括，
　　　　　　　　　　指導計画の改善

「多文化共生への一歩！〜ラップで心の距離を縮めよう〜」（第6学年「国際理解」）

　探究課題を「多文化共生を目指す地域とそこに暮らす日本人や外国人が大切にしている文化や価値観」とした第6学年の実践を例に，指導と評価の計画の立案から評価の総括までを紹介する。

　本事例は，中心的な学習活動を，多文化共生をテーマとしたラップの制作や，多文化共生を実現するための魅力的なイベントの開催とし，五つの小単元で構成しつつ小単元ごとの学習活動や学習場面において，資質・能力を発揮する児童の姿を想定し，指導と評価の計画を構想した。また，指導と評価の計画に加えて，三つの評価の観点における学習活動と評価の実際，評価結果の総括，指導計画の評価・改善まで，一連の評価活動を取り上げることで，総合的な学習の時間における指導と評価の概要が把握できるようにした。

事例2　キーワード　指導と評価の計画，「知識・技能」の評価，児童の学習の姿と見取り

「地域の絆を再生しよう」（第6学年「福祉」）

　探究課題を「身の回りの高齢者とそのくらしを支援する仕組みや人々」と設定し，高齢者の孤独の解消に向けて，地域の誰もが集い交流できる「地域の茶の間」の創設に向けて取り組んだ第6学年の実践である。

　本事例は，中心的な学習活動を，高齢者の孤独の解消に向けた「地域の茶の間」をつくる活動とし，四つの小単元で構成した。評価の観点のうち「知識・技能」の評価を取り上げ，評価規準に照らした児童の学習の姿とその見取り方を紹介している。

事例3　キーワード　指導と評価の計画，「思考・判断・表現」の評価，児童の学習の姿と見取り

「川の美しさを取り戻そう」（第4学年「環境」）

　探究課題を「地域の自然や環境と，その保全に関わる人々の思いや願い」と設定し，地域の身近な川の環境と保全に向けて，自分たちの力でできることに取り組み，自分と地域の環境や人々との関わりについて考え，行動できるようにすることを目指した第4学年の実践である。

　本事例は，中心的な学習活動を，地域を流れる住吉川の環境保全に向けた具体的な活動とし，三つの小単元で構成した。評価の観点のうち「思考・判断・表現」の評価を取り上げ，評価規準に照らした児童の学習の姿とその見取り方を紹介している。

事例4　キーワード　指導と評価の計画，「主体的に学習に取り組む態度」の評価，
　　　　　　　　　　児童の学習の姿と見取り，指導計画の改善

「地域のじまん『おくんち』を伝えよう」（第4学年「伝統文化」）

　探究課題を「地域の伝統や文化とその継承に力を注ぐ人々」と設定し，地域の伝統行事のよさを探り，保存会の人々と伝統行事を伝承していくことに向け，実際に体験や調査を通して地域に積極的に関わり，自己の生き方を考えることに取り組んだ第4学年の実践である。

　本事例は，中心的な学習活動を，地域に伝わる伝統行事の継承に関する具体的な活動とし，三つの小単元で構成した。評価の観点のうち「主体的に学習に取り組む態度」の評価を取り上げ，評価規準に照らした児童の学習の姿とその見取り方を紹介している。

総合的な学習の時間　　事例1

キーワード　指導と評価の計画，三つの観点の評価，評価結果の総括，指導計画の改善

単元名
多文化共生への一歩！ 〜ラップで心の距離を縮めよう〜（第6学年）

内容のまとまり
「国際理解」（全50時間）

本単元は，外国人が多く住む国際色豊かな地域で行われた実践である。異なる文化を越えて地域の活動に進んで参画する態度の育成は，地域や保護者の切実な願いであり，学校への大きな期待となっている。一方，そのことは，児童にとって日常的な光景であるものの，異なる文化を越えた共生やそこに暮らす人同士の関わりを意識して考えた経験は少ない。

小単元5	学習活動全体を振り返り，自己の成長や学びの価値，これからの生き方について自らの思いや考えをラップで表現しよう。(6)
小単元4	魅力的なイベントを協力して準備し，実行しよう。(14)
小単元3	異なる文化を越えた地域の共生に向けて，できることを決定しよう。(8)
小単元2	地域に住む様々な国の人々との意見交流会を開催し，問題点の解決策を探ろう。(8)
小単元1	異なる文化を越えた共生やそこに暮らす人同士の関わりの実態を調べて問題点を見いだそう。(14)

こうした背景から，「多文化共生を目指す地域とそこに暮らす日本人や外国人が大切にしている文化や価値観」という探究課題を踏まえて構想した単元である。児童は，多文化共生に尽力する様々な立場の人や異なる文化的背景をもつ地域の人々との関わりを通して，地域の日本人と外国人とをつなげることへの思いを強めていった。そして，「私たちのまちで異なる文化を越えた共生は実現するのか」という問いと真剣に向き合い試行錯誤を繰り返す中で，テーマの実現に向けたラップによる表現活動，異なる文化を越えて人々が交流できる魅力的なイベントの開催に向けて取り組んだものである。

1　単元の目標

　地域における多文化共生を目指した活動を通して，外国人が多く住む地域の実態，それを支援する人々の思いや組織について理解し，地域の一員として異なる文化を越えた共生の在り方を考えるとともに，自らの生活や行動に生かすことができるようにする。

2　単元の評価規準

観点	知識・技能	思考・判断・表現	主体的に学習に取り組む態度
評価規準	①地域には，多文化共生プラザ等，外国人を支援する行政機関があることを知るとともに，多様な人が暮らしているまちのよさや，一人一人の存在が守られていることを理解している。 ②インタビューによる街頭調査を，相手や場面に応じた方法で実施している。 ③多文化共生に対する自らの認識の高まりは，地域の日本人と外国人をつなげるために探究的に学習してきたことの成果であると気付いている。	①課題の解決に向けた計画書の作成に当たり，何をするのか，何のためにするのかを意識し，解決の見通しをもって計画を立てている。 ②街頭調査や意見交流会において行う質問について，必要とする情報に応じて質問の内容や方法を決めている。 ③多文化共生を実現するためのイベントについて，「実現可能か」「意味があるか」「有効か」等の視点を結び付けてイベント開催の根拠を見いだしている。 ④活動を通して学んだ自らの思い，自己の成長，学びによる自己の変容を生かしてラップで表現している。	①地域に暮らす外国人との意見交流会において，異なる文化や価値観を受け入れ，尊重するとともに，共通性を見いだそうとしている。 ②異なる文化の共生を目指したイベントの開催に当たって，参加者の状況に応じて対応し，目的意識を明確にして関わろうとしている。 ③異なる文化の共生を目指したイベントを成功させるために，友達と役割を分担したり，自他の考えのよさを生かしたりしながら問題の解決に向けて協力して取り組んでいる。

3　指導と評価の計画（50時間）

小単元名（時数）	ねらい・学習活動	知	思	態	評価方法
1　異なる文化を越えた共生やそこに暮らす人同士の関わりの実態を調べて問題点を見いだそう。（14）	・地域の実態から問題点を見いだし，解決に向けた今後の活動への見通しをもつ。		①		・計画書
	・グローバルな視点と地域の視点から異なる文化を越えた共生やそこに暮らす人同士の関わりの実態を調べて問題点を見いだす。 **具体的事例❶「知識・技能①」** ※グローバルな視点による情報収集（国連担当者によるワークショップ，社会科の内容との関連，新聞・書籍等） ※地域の視点による情報収集（地域住民への街頭調査，支援する行政機関への訪問等）	①			・意見文
2　地域に住む様々な国の人々との意見交流会を開催し，問題	・街頭調査や意見交流会開催の目的や質問項目，情報収集の蓄積方法を明確にする。		②		・情報収集計画シート
	・街頭においてインタビューを行う。	②			・ノート ・集計シート

- 49 -

小単元	学習活動	知	思	態	評価方法
点の解決策を探ろう。（8）	・地域に暮らす外国人との意見交流会を開催し，問題の原因を探ったり，問題の解決に向けたよりよい方法について考えを交流したりする。			①	・行動観察 ・作文シート
3　異なる文化を越えた地域の共生に向けて，できることを決定しよう。（8）	・地域の異なる文化を越えた共生や関わりに向けて，今の自分たちにできることについて根拠を明らかにし決定する。 **具体的事例❷「思考・判断・表現③」**		③		・作文シート
	・専門家からの評価を通して，提案のよさを自覚するとともに，身近な人をターゲットにするというアドバイスを踏まえ，今後の取り組み方への意識を高める。 **具体的事例❸「主体的に学習に取り組む態度②」**			②	・作文シート
4　魅力的なイベントを協力して準備し，実行しよう。（14）	・魅力的なイベントに向けて，友達と協力して準備し，保護者やこれまでお世話になった外国人や地域の人を招いて開催する。			③	・計画表 ・行動観察 ・作文シート
	・「異なる文化を越えた地域の共生」について，探究的に学習したことによって分かったことを振り返る。		③		・発言 ・作文シート
5　学習活動全体を振り返り，自己の成長や学びの価値，これからの生き方について自らの思いや考えをラップで表現しよう。（6）	・異なる文化を越えた共生についての自らの思い，本音，自己の成長を振り返り，ラップの歌詞や作文に表現する。			④	・ラップの歌詞カード ・作文シート

　本単元は，中心的な学習活動を，多文化共生をテーマとしたラップの制作や，多文化共生を実現するための魅力的なイベントの開催とした上で，以下に示す五つの小単元で構成した。評価場面については，小単元ごとの学習活動や学習場面において，資質・能力を発揮する児童の姿を想定し，次のような意図をもって設定した。

　小単元1は，単元の導入において，課題を設定する場面であることから，「思考・判断・表現①」の評価規準を設定した。地域の実態や外国人を支援する行政機関の取組，世界情勢等のうち，主に多様性に関する情報を獲得し，様々な立場の人が地域に存在し，生活していることを児童が理解することを基盤として，単元をスタートすることにした。多文化共生の中でも，まずは，多様性に関する概念の形成を期待して，「知識・技能①」の評価規準を設定した。

　小単元2は，課題の解決に向けて，地域での街頭調査や地域に暮らす様々な国の外国人との意見交流会を開催する。こうした情報収集の場面では，児童が相手や目的に応じて質問することが欠かせないため，「思考・判断・表現②」及び「知識・技能②」の評価規準を設定した。また，地域の7カ国

の外国人との意見交流会では，それぞれの国の多様な文化や価値に直接触れることから，「主体的に学習に取り組む態度①」の評価規準を設定した。

小単元3は，共生のための魅力的なイベントを実現可能なものにしていく学習場面である。この場面は，イベントの開催の根拠を見いだす児童の姿を見取る適切な評価機会であると考え，「思考・判断・表現③」の評価規準を設定した。さらに，イベントの開催について，専門家からの評価を得ることで，相手に応じたり，目的を明確にしたりして行為する態度を評価する機会と捉え，「主体的に学習に取り組む態度②」の評価規準を設定した。

小単元4は，実際に多文化共生をテーマにしたラップ表現など，魅力的なイベントにするための方法を考え，準備し，開催する学習場面である。ここでは，イベントの実現に向けて，友達と協力して準備を進めることが主な活動となる。そのため，「主体的に学習に取り組む態度③」の評価規準を設定した。また，イベント終了後は，達成感や成就感の高まりが想定され，探究的な学びのよさを自覚する評価の機会として適切であると考え，「知識・技能③」の評価規準を設定した。

小単元5は，児童一人一人が自らの学びやこれからの生き方について振り返り，自らの思いをラップや作文で表現する場面であることから，「思考・判断・表現④」の評価規準を設定した。

4 観点別学習状況の評価の進め方

（1）知識・技能（具体的事例❶）

①評価の場面

外国人が多く暮らす地域には外国人を支援する行政の取組があることを知り，地域の日本人と外国人とのつながりが十分ではない現状に関心をもった。とりわけ，地域には，様々な国の外国人が暮らしている事実が分かり，異なる文化や多様な価値観が存在していることが明らかになっていった。その後，これまでの活動を踏まえて，「様々な国の人の生活やそこでの関わり」をテーマに意見文を書いた。意見文については「知識・技能①」の評価規準における主たる評価資料とした。

なお，小単元1で自分の考えをまとめることによって，小単元5において学びを振り返り，自己の変容を自覚できるようにする資料にもなると考えた。

②学習活動における児童の姿と評価の結果

【評価規準「知識・技能①」】

地域には，多文化共生プラザ等，外国人を支援する行政機関があることを知るとともに，多様な人が暮らしているまちのよさや，一人一人の存在が守られていることを理解している。

【学習活動における児童の姿（A児の意見文の記述内容）※抜粋】

私たちの地域は，最近多くの外国人が住むようになった。まちの人気ランキングの上位になっているけれど，住民同士のコミュニケーションは十分ではなく，災害の時に協力できるかどうか不安に思っている人が多くいることをインタビューで知った。でも，地域には，外国人を支援する多文化共生プラザがあり，外国人の暮らしをサポートしている。いろいろな人がいることが私たちのまちのよさで，それぞれの人が大切にされなければならないと思った。所長さんが私たちの活動をほめてくれたのは，もっとみんなに努力してほしいというメッセージだと思った。

【評価の結果】

　　A児は，地域に様々な人が暮らすことは，地域の問題につながると考えていた。外国人を支援する機関の取組を知ることで，まちに暮らす人の多様性こそがまちの魅力につながっていることや，一人一人の外国人の存在が守られていることに気付き始めている。また，多様であることの意味や価値を深く理解し始めている。こうした姿から評価規準に示す資質・能力が育成されていると考えることができる。

【学習活動における児童の姿（B児の意見文の記述内容）※抜粋】

　　私たちのまちは，5分も歩けば世界旅行ができるくらい外国人が多く暮らしている。いろいろな国の食べ物を楽しむために観光客も多く集まり，とても活気がある。地域には，外国人を支える多文化共生プラザがあって，言葉の問題や生活で困っている人を助けていることはよいことだと思う。「多文化共生」という言葉を所長さんが教えてくれた。いろいろな国の文化があることは分かったけれど，「共生」の意味はよく分からなかった。この言葉は今のところ自分にはぴったりこないと思った。

【評価の結果】

　　B児は，自分のまちのよさは，多くの国の人が暮らしていることによって形作られていることを理解している。それぞれが支え合っていることに対しては十分に認識していないものの，様々な違いに対するよさに気付いている。地域には外国人を支える行政機関があり，まちの実態を踏まえた中心的な役割について理解している。こうした姿から評価規準に示す資質・能力が育成されていると考えることができる。

（2）思考・判断・表現（具体的事例❷）

①評価の場面

　　児童は，街頭調査や地域に暮らす外国人との意見交流を繰り返し行うことによって，地域の日本人と外国人をつなげる魅力的なイベントが必要ではないかと考えるようになった。そこで，イベントは「実現可能か」，自分たちにとっても「意味があるか」，異なる文化を越えた共生の実現に「有効か」の三つの視点で，多面的に話し合う活動を行った。特に，「有効か」という点において，「人が集まらなければ効果がない」という問題点が浮き彫りになった。その後，「共生の実現のためには，関心の低い人にどのように参加してもらうのか」という新たな論点での話合いへと発展した。評価に当たっては，授業の終末に書いた作文シートの記述内容を「思考・判断・表現③」の評価規準における主たる評価資料とした。

②学習活動における児童の姿と評価の結果

【評価規準「思考・判断・表現③」】

　　多文化共生を実現するためのイベントについて，「実現可能か」「意味があるか」「有効か」等の視点を結び付けてイベント開催の根拠を見いだしている。

【学習活動における児童の姿（A児の作文シートの記述内容）】

　意見交流会では，どの国の方々もコミュニケーションの場があったら嬉しいと言っていた。イベントを開催することで自他の文化の違いやよさをお互いに知ることができるような内容にすれば有効だと思う。それから，私は，それぞれの文化を越えて何か一つ，融合したものを創り出すことが大切だと思う。例えば，私たちが今つくっている多文化共生をテーマにしたラップの一部をその場で一緒につくって，みんなで歌うことができれば，「あの時一緒につくった」という思い出が残ると思う。実現させるためにも，次は，みんなで当日までの計画を詳しく考えていきたい。

【評価の結果】

　A児は，地域の外国人との意見交流会を踏まえて考えている。また，イベントの開催の理由について，共生の実現に有効か，自分たちにとって意味があるか，実現可能かの三つの視点を結び付けて明らかにしている。こうした姿から評価規準に示す資質・能力が育成されていると考えることができる。

【学習活動における児童の姿（C児の作文シートの記述内容）】

　友達の「有効性は欠ける」という意見を聞いてなるほどと思った。僕は，イベントの中身ばかり考えていて，これならいけると思っていたけれど，「こういう場に参加したがらない人を呼ぶことが大事」ということについては，まったく意識していなかった。イベントには，大勢の人が参加することが大切だと分かった。友達のおかげで，「チラシ作戦」というアイディアを思いついた。この計画を多文化共生プラザのN所長さんにも説明してアドバイスをもらいたい。何だかワクワクしてきた。

【評価の結果】

　C児は，イベントについて何を実施するのかに関心が集中していたが，友達の意見を聞きながら，共生を実現しようとするイベントの開催目的が明らかになっていった。C児は三つの視点の結び付きを意識しつつ，特に「有効か」の視点から参加者数を確保することが重要な要素であることに気付き，開催の根拠としていった。こうした姿から評価規準に示す資質・能力が育成されていると考えることができる。

（3）主体的に学習に取り組む態度（具体的事例❸）

　①評価の場面

　　地域の外国人を支援する行政機関の所長に対して，異なる文化を越えて人々が交流できる魅力的なイベントの開催や，共生をテーマにしたラップによる表現活動について提案した。所長からは，取組のよさを評価され，実現に向けた期待をかけられるとともに，こうしたイベントに参加者を集めることの難しさをこれまでの経験から聞いた。所長は「みなさんにとって身近な人に呼びかけてはどうだろうか」というアドバイスをくれた。その後，児童は，自らの保護者へイベントの参加を呼びかけ，魅力的なイベントの内容や作成してきたラップの歌詞の見直しを行った。評価に当たっては，授業の終末に書いた作文シートの記述内容を「主体的に学習に取り組む態度③」の評価規準における主たる評価資料とした。

②学習活動における児童の姿と評価の結果

【評価規準「主体的に学習に取り組む態度③」】

　　異なる文化の共生を目指したイベントを成功させるために，友達と役割を分担したり，自他の考えのよさを生かしたりしながら問題の解決に向けて協力して取り組んでいる。

【学習活動における児童の姿（Ｂ児の作文シートの記述内容）※（一部抜粋）】

　イベントに来てもらうためには，もっと相手のことを考えなければいけないと思う。例えば，自分の親を招待する時には，ふるさとの国のお菓子を用意して，不安を取り除くことが重要だと思う。これは自分の親だけの問題ではない。友達のお母さんやお父さんにとってもよいことだと思う。それに，このことは外国の人に限らずお年寄りや障害のある方との関わりでも大切な考え方だと思う。

【評価の結果】

　　Ｂ児は，保護者をイベントに招待しようとする中で，相手の状況に応じて対応する意識が芽生え，友達の保護者にまで意識を向けてイベントを開催しようとする姿が見て取れる。このことは，高齢者や障害者においても共通する大切な考え方であることに気付き，それまで以上に，幅広い対象に意識をもって取り組もうとしている。こうした姿から評価規準に示す資質・能力が育成されていると考えることができる。

【学習活動における児童の姿（Ｄ児の作文シートの記述内容）※（一部抜粋）】

　地域には，様々な国の外国人が暮らしている。だから，交流会は日本人と外国人という考えではなく，私もいろいろな国の中の一人だと考えて取り組みたい。その中で私自身が積極的に関われたら，少しでも多文化共生に近づけるのではないか思う。

【評価の結果】

　　Ｄ児は，交流会の開催に向けて，日本人と外国人という限定的な捉えではなく，自分も一人の外国人という意識の広がりや態度の高まりが見て取れる。その中で，自ら行動することを明確にしている。こうした姿から評価規準に示す資質・能力が育成されていると考えることができる。

5　評価結果の総括と指導計画の改善

（1）評価結果の総括と指導要録の記載

　　「小学校，中学校，高等学校及び特別支援学校等における児童生徒の学習評価及び指導要録の改善等について（通知）」に，「総合的な学習の時間の記録については，この時間に行った学習活動及び各学校が自ら定めた評価の観点を記入した上で，それらの観点のうち，児童の学習状況に顕著な事項がある場合などにその特徴を記入する等，児童にどのような力が身に付いたかを文章で端的に記述すること」とされている。記述に当たっては，単なる活動のみにとどまることがないよう留意する必要がある。

例えば，児童Aについては，次のような記述が考えられる。

学年	学習活動	観点	評価
6	多文化共生への一歩！	知識・技能 思考・判断・表現 主体的に学習に取り組む態度	外国人を支援する行政機関の取組を知ることでまちに暮らす人の多様性こそがまちの魅力につながっていることや，一人一人の外国人の存在が守られていることへの理解を深めた。また，地域の外国人との意見交流会の開催の理由について共生の実現に有効か，自分たちにとって意味があるか，実現可能かの三つの視点を結び付けて明らかにした。

また，児童Bについては，次のような記述が考えられる。

学年	学習活動	観点	評価
6	多文化共生への一歩！	知識・技能 思考・判断・表現 主体的に学習に取り組む態度	保護者を交流会に招待しようとする中で，相手の状況に応じて対応する意識が芽生え，友達の保護者にまで意識を向けて交流会を開催しようとする姿が見られた。このことは，高齢者や障害者においても共通する大切な考え方であることに気付き，それまで以上に幅広い対象に意識をもって関わろうとする態度が見られた。

　各学校において定められた評価の観点は，児童の成長や学習状況を分析的に評価するためのものである。また，各学校においては，設定した評価規準と実際の学習状況とを照らし合わせて評価していくことが考えられる。その際，児童の学習活動を記録したり，児童の作品などを保存したりして，評価資料を集積しておくことが重要である。

　評価結果の総括に当たっては，評価場面や単元における評価結果を総合し，「総合的な学習の時間の記録」に記述することが考えられる。その際，評価規準にかかわらず教育的に望ましい成長や価値ある学習状況が現れた場合，児童の姿を価値付け，そのよさを記述することも大切なことである。

（2）総合的な学習の時間の指導計画の評価・改善

　総合的な学習の時間の指導計画については，実際に学習活動を展開する中で，教師が予想しなかった望ましい活動が児童から提案されたり，価値ある学習を生み出す問題場面に遭遇したりする可能性もある。その場合，教師は，児童との関わりの中で起きた事実から，授業の中で本時の授業計画を修正したり，授業後に本時の実践を振り返り，次時の授業計画を修正したりするなど，柔軟性をもつことが大切である。

　また，単元計画及び年間指導計画作成の際に期待した児童の姿と，学習活動に取り組む児童の実際の姿とのズレが授業の中で見られた場合，教師は，自らの授業を振り返り，単元計画や年間指導計画の修正を行う。さらに，必要に応じて，全体計画についても見直しを図り，目標や内容の修正をすることも考えられる。例えば，本事例では，教師が児童の問題意識の変容をとらえ，当初中心的な学習活動として計画していた「多文化共生をテーマとしたオリジナルラップづくり」から，「身近な外国人と地域をつなげる交流会の開催」を目指した活動に重点をおいた指導計画となるよう，時数の配当も含め，単元計画の一部を修正した。このように，各学校においては，総合的な学習の時間の指導計画の評価・改善は，①一単位時間の授業計画，②単元計画，③年間指導計画，④全体計画の全てを見渡して行うことが求められる。

┌───┐
│ 総合的な学習の時間　　事例2   │
│ キーワード　指導と評価の計画，「知識・技能」の評価，児童の学習の姿と見取り │
└───┘

┌──────────────────────────┐　┌──────────────────────────┐
│ 単元名   │　│ 内容のまとまり   │
│   │　│   │
│　地域の絆を再生しよう（第6学年）│　│ 「福祉」（全50時間）   │
└──────────────────────────┘　└──────────────────────────┘

　本単元は，全体計画に定めた探究課題「身の回りの高齢者とそのくらしを支援する仕組みや人々」を踏まえて構想した単元である。地域住民の高齢化と核家族化により，「今日一日誰とも話をしなかった」「気が付いたらテレビに話しかけていた」といったさみしさを抱えながら孤独に暮らす高齢者が増加しているという背景があった。

　本単元は，児童がこうした状況を問題だと捉え，高齢者の孤独の解消に向けて，地域の誰もが集い交流できる「地域の茶の間」を創設することを学習課題として設定し，その解決に向けて取り組んだものである。

小単元4　地域との協働で持続可能な「地域の茶の間」をつくろう。(10)

小単元3　高齢者だけではなく地域の人に必要とされる「地域の茶の間」をつくろう。(15)

小単元2　持続可能な「地域の茶の間」のモデルケースを調査・体験しよう。(10)

小単元1　高齢者のさみしい気持ちをなくす「地域の茶の間」をつくろう。(15)

1　単元の目標

　高齢者の孤独の解消に向けた「地域の茶の間」をつくる活動を通して，高齢者のくらしを支える人々の取組や思いに気付き，「地域の人々が集い交流できる場」の在り方について考えるとともに，世代を越えて交流していくことの大切さを感じながら生活していくことができるようにする。

2　単元の評価規準

観点	知識・技能	思考・判断・表現	主体的に学習に取り組む態度
評価規準	①「地域の茶の間」は，地域の人と思いを共有し協働してつくることで，持続可能なものとなることを理解している。 ②日常的に気持ちのよい挨拶をしたり，分かりやすい話し方をしたりして，高齢者に適切に関わっている。 ③高齢者への接し方など自分の行動の変容は，高齢者とその暮らしについて探究的に学んだことによる成果であると気付いている。	①地域の高齢者とその暮らしについて，理想との隔たりから課題を設定し，解決に向けて自分にできることを具体的に考えている。 ②持続可能な「地域の茶の間」をつくるために必要な情報を取捨選択したり，複数の情報を比較したり関係付けたりしながら解決に向けて考えている。 ③伝える相手や目的に応じて，自分の考えをまとめ，適切な方法で表現している。	①「地域の茶の間」の体験を通して得た知識や自分と違う友達の考えを生かしながら，協働して課題解決に取り組もうとしている。 ②課題解決の状況を振り返り，あきらめずに高齢者の孤独の解消に向けて取り組もうとしている。

3 指導と評価の計画（50時間）

小単元名（時数）	ねらい・学習活動	知	思	態	評価方法
1 高齢者のさみしい気持ちをなくす「地域の茶の間」をつくろう。(10)	・地域の高齢者とその暮らしについて調べ，高齢者の困りごとに気付き，理想と現実の隔たりから学級全員で取り組む課題を設定する。 ・必要な情報を調べながら，「地域の茶の間」の計画（場所や日時，プログラム等）を立てる。 ・学習課題に照らし，「地域の茶の間」の計画を修正・改善しながら，複数回の「地域の茶の間」を開催する。		①		・発言内容 ・作文シート
2 持続可能な「地域の茶の間」のモデルケースを調査・体験しよう。(15)	・「地域の茶の間」の活動を振り返り，活動の意味や価値を考えることで，課題を再設定する。 ・「地域の茶の間」を持続可能な形で運営しているモデルケースの調査・体験活動を行い，必要な情報を収集する。			①	・発言内容 ・作文シート
	・モデルケースの特徴を整理し，その背景を分析することで，高齢者のくらしを支える人の工夫や思いについて考える。		②		・発言内容 ・作文シート
	・自分たちが開催した「地域の茶の間」とモデルケースの調査・体験活動を基に，持続可能な「地域の茶の間」の在り方に気付く。 **具体的事例❶「知識・技能①」**	①			・発言内容 ・作文シート
3 高齢者だけではなく地域の人に必要とされる「地域の茶の間」をつくろう。(12)	・持続可能な「地域の茶の間」の実現に向け，必要な情報を集め，場所や日時，プログラム等の計画を立てる。 ・学習課題に照らし，持続可能な「地域の茶の間」の計画を修正・改善しながら複数回の「地域の茶の間」を開催する。**具体的事例❷「知識・技能②」**	②			・作文シート ・行動観察
4 地域との協働で持続可能な「地域の茶の間」をつくろう。(13)	・これまでの活動で課題が解決されたかを振り返るとともに，地域の誰と協働すればよいかを考える。			②	・発言内容 ・作文シート
	・地域の人に，協働で持続可能な「地域の茶の間」を継続開催することを働きかける。			③	・発言内容 ・作文シート
	・これまでの活動を通しての自分の変容を振り返り，作文にまとめる。**具体的事例❸「知識・技能③」**	③			・作文シート

　本単元は，中心的な学習活動を，高齢者の孤独の解消に向けた「地域の茶の間」をつくる活動とした上で，以下に示す四つの小単元で構成するとともに，評価場面については，小単元ごとの学習活動や学習場面において，資質・能力を発揮する児童の姿を想定し，次のような意図をもって設定した。

小単元1は，単元の導入において，課題を設定する場面であることから，「思考・判断・表現①」の評価規準を設定した。

　小単元2は，「地域の茶の間」を持続可能な形で運営しているモデルケースの調査・体験活動を行う。ここでは，モデルケースに関する情報をもとに高齢者の実態について分析し，概念的な知識の獲得をしていく児童の姿を見取る適切な評価機会であると考え，「思考・判断・表現②」及び「知識・技能①」の評価規準を設定した。また，「地域の茶の間」の活動を通して感じた多様な意見に直接触れることから，「主体的に学習に取り組む態度①」の評価規準を設定した。

　小単元3は，高齢者だけではなく地域の人に必要とされる「地域の茶の間」をつくろうとしていく学習場面である。この場面は，「地域の茶の間」を繰り返し開催しながら高齢者に適切に関わる児童の姿を見取る適切な評価場面であると考え，「知識・技能②」の評価規準を設定した。

　小単元4は，児童一人一人が課題に即して自らの学びについて振り返るとともに，地域との協働で持続可能な「地域の茶の間」の継続を働きかけていく場面である。地域との協働で持続可能な「地域の茶の間」を開催に向けて，自分の考えをまとめ，適切な方法で表現する児童の姿を見取る適切な評価機会であると考え，「思考・判断・表現③」の評価規準を設定した。また，これまで学習してきたことのよさを振り返るとともに，今後の「地域の茶の間」への関わり方に関する態度を評価する機会と捉え，「知識・技能③」及び「主体的に学習に取り組む態度②」の評価規準を設定した。

4　観点別学習状況の評価の進め方

（1）具体的事例❶

①評価の場面

　単元の導入で，高齢者の孤独を解消するため取り組まれている「地域の茶の間」の活動が，学校周辺地域では存在しないことを知った児童は，「高齢者のさみしい気持ちをなくすために，地域の茶の間をつくろう」という学習課題を設定した。

　そして，小単元1で，実際に「地域の茶の間」を企画し，コミュニティーハウスを会場に借り，チラシを配布するなどして地域に呼びかけ，複数回の「地域の茶の間」を開催した。

　参加した高齢者から喜ばれ，活動の意味や価値を実感した児童は，「自分たちが卒業してもずっと高齢者のさみしい気持ちをなくせる地域の茶の間をつくりたい」と願い，課題を更新した。「地域の茶の間」の開催に留まらず，継続的に開催できる「地域の茶の間」を生み出そうとしたのである。

しかし，どうすれば持続可能な「地域の茶の間」の仕組みをつくることができるのか，具体的な方法が思いつかない。そこで，小単元２として，継続して運営されている他の二つの「地域の茶の間」の取組をモデルケースとして位置付け，調査・体験する活動に取り組んだ。

その後，【資料１】のように，この二つの「地域の茶の間」の取組の共通点と相違点を可視化し，収集した情報を整理・分析した。

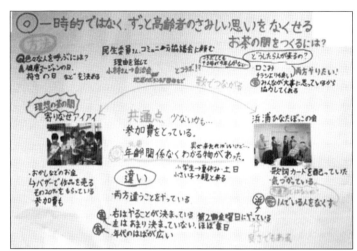

【資料１】共通点と相違点をまとめた関係図

本評価場面は，授業者が，学習課題の解決のために大切なことは何かを問い，それについて話し合う言語活動を設定した場面である。

②学習活動における児童の姿と評価の結果
【評価規準「知識・技能①」】
　「地域の茶の間」は，地域の人と思いを共有し協働してつくることで，持続可能なものとなることを理解している。

教師：「一時的ではなく，ずっと高齢者のさみしい思いをなくせる『お茶の間』」をつくるために大切なことは何だろう？

A児：私は，来てくれた人がどう思ってくれるかが大切だと思います。自分たちが「お茶の間」をした時に，「若い人がやってくれるから気持ちが若くなった」と言われたからです。

B児：「寄りなせあいあい」の人が「『お茶の間』は，来れば話せる相手がいて和める場所」と言っていました。だから，それを意識してどういうふうに和めるだろうかと考えながら行動することが大切だと思います。

C児：「特技発表をやってください」と誘うと，高齢者はうれしくなって気持ちも和むと思います。

D児：「寄りなせあいあい」の人が言っていたんですけど，「みんなが『寄りなせあいあい』のことを大事にしているから，必要としているから，なくならないようにお金とかで協力してくれる」って。だから，私は，地域の人に必要とされるように思ってもらわなくてはならないと思います。

E児：Dさんに付け足しで，AさんとBさんとCさんの考えがすべてつながって，「みんなが大事に思ってくれているから協力してくれる」っていうのは，地域の人には「こういうお茶の間があってほしいな」という願いがあるからだと思います。ぼくたちもそれと同じように，「お茶の間」を大事にして，必要だなって思う…簡単に言えば，高齢者だけじゃなくて年齢関係なく，みんなが大切だなって思える場所にすることが大切です。地域の人とぼくたちが，一緒にお茶の間をつくろうって思って，協力し合えることが大切だと思います。

【評価の結果】

　A児，B児，C児は，考えの拠り所にしている体験や具体性という点においての違いはあるものの，いずれも「高齢者の立場に立って，気持ちを考えることが大切だ」と認識していると考えられる。しかし，この姿を評価規準に照らして判断すると，「地域との思いの共有や協働」という視点で「地域の茶の間」の在り方を考えているとは言えないと判断できる。

　一方，D児は，前述の3人とは異なり，資料1のモデルケースで得た情報を整理することで，高齢者だけではなく，地域の理解や協力があって初めて持続可能な「地域の茶の間」が成り立つことを理解し，地域の人にとって必要な場とならなければならないと考えている。これは，「一人暮らしの高齢者に留まらず，地域の人の立場に立って考えることも大切だ」と認識している姿であり，「地域との協働」という点において，考えが広がってきている姿である。

　そして，最後に発言したE児は，これら二つの考え方を統合的に捉えることで，「『地域の茶の間』は，一人暮らしの高齢者のためだけではなく，年齢の枠を超えて地域のみんなにとって大切だと思える場であり，地域との協働でつくることが大切だ」との認識に至ったと判断できる。この姿は，まさに，対話を通して事実的知識をつないで構造化し，持続可能な「地域の茶の間」の在り方についての概念的知識を創り出した姿である。

　このことから，E児は，概念的知識として「高齢者のくらしを支える人々の取組や思いを基に，『地域の茶の間』は，地域の人と思いを共有し，協働でつくることで持続可能なものとなること」を形成したと評価できる。

　授業者はこの話合いの後，一連のやり取りにおける相互作用を，E児以外の児童の概念的知識の形成に機能させるため，「一時的ではなく，ずっと高齢者のさみしい思いをなくせるお茶の間」をつくるためには？」というテーマで自分の考えを作文シートに書く場面を設定した。

＜B児の作文シートより＞

　私は，今まで，高齢者がどういうふうに和めるかを考えることが大切だと思っていました。今日の話合いで「地域の茶の間」を地域の人と私たちで協力してつくることも大切だと気付きました。「地域の茶の間」を地域の人と一緒にやるには，まず，地域の人に必要とされないといけないと思います。

　そのために，地域の人が必要とする「茶の間」について取材をして，自分たちができることを考えたいです。

　作文の記述と関係図から，当初は「（高齢者の立場に立って）どういうふうに和めるだろうかを考えることが大切だ」と考えていたB児も，話合いを通して得た他の児童の考えや意見を聞いて，高齢者だけではなく地域の人との協働の必要性を理解し，「高齢者のくらしを支える人々の取組や思いを基に，『地域の茶の間』は，地域の人と思いを共有し，協働でつくることで持続可能なものとなる」といった概念的知識を形成していると評価できる。

第3編
事例2

（2）具体的事例❷，具体的事例❸

①評価の場面

　　小単元3において，児童は，参加した地域の誰にとっても必要な場にするには，活動をどのように工夫・改善すればよいかを考えた。その結果，高齢者の特技や地域の合唱サークルとのコラボレーションの場を設けるなど，「地域の茶の間」を複数回開催した。その後，児童は最終的に持続可能な「地域の茶の間」をつくるためには，「活動を支援し続けてくれたコミュニティーハウスに主催を引き継ぎ，自分たちは協賛としてその活動に協力し続けるのがよい」と考えた。

　　こうして，小単元4の活動として，コミュニティーハウスの方々に自分たちの思いや願いを語り，協働して持続可能な「地域の茶の間」を継続することを提案した。

　　本評価場面は，単元の終末において，これまでの活動を通しての自分の変化を振り返り，作文にまとめた場面である。

②学習活動における児童の姿と評価の結果

【評価規準「知識・技能②」】

　　日常的に気持ちのよい挨拶をしたり，分かりやすい話し方をしたりして，高齢者に適切に関わっている。

　　活動場面において教師は，初対面の高齢者とも自分から話しかけて会話をしたり，昔の遊びをしたりするC児の姿について，小単元1での姿と比較しながら行動観察をしている。当初，C児はどの高齢者に対しても同じ挨拶をするなど形式的でぎこちない接し方だったが，「地域の茶の間」を重ねていくにつれて，これまでの関わりに基づいて「こんにちは。先日は野菜の間引き方について教えていただきありがとうございました。おかげで，教材園の野菜がみるみる育つようになりました。」と相手に応じて挨拶の内容を工夫していた。また，他の高齢者に対しては，相手の表情で伝わり方を判断しながら，声の速さや大きさを変えた話し方をしていた。このような行動観察の結果から，C児は，特定の場面や状況だけではなく様々な状況で活用可能な技能として他者との適切な関わり方を身に付けていると評価することができる。

【評価規準「知識・技能③」】

　　高齢者への接し方など自分の行動の変容は，高齢者とその暮らしについて探究的に学んだことによる成果であると気付いている。

＜C児の作文シートより＞

　　以前は人見知りで，近所のお年寄りとあいさつするだけで顔をそらしていました。けれど，今は年代が違うお年寄りにも顔をそらさないであいさつができるようになりました。お年寄りの趣味や好きなことがお茶の間の学習をして分かり，お年寄りと話すことが多くなりました。

　　次に，（県外で離れて暮らす）祖父母とのかかわり方です。以前は，祖父母の家に行っても，

自分の両親と話をすることが多かったです。でも，お年寄りのさみしさなどが分かってから自然と話せるようになりました。

【評価の結果】

　　単元の最後に，単元を通した自分の変化を振り返り，作文にまとめる場面を設けた。この作文シートの記述からは，Ｃ児が，それまでは十分にできていなかった地域の高齢者や祖父母とより自然で豊かにかかわれるようになったことを自己の成長として実感していることが見て取れる。また，「地域の茶の間の学習をして」と記述していることから，探究的な学びを続けてきたからこそ，学んだことが自分の生活と深く関わっていることに気付き，そのことが自己の成長につながっていると感じている。自己の成長の背景には，本単元で高齢者とその暮らしについて学んだことがあることを自覚していると評価することができる。

総合的な学習の時間　　事例3

キーワード　指導と評価の計画，「思考・判断・表現」の評価，児童の学習の姿と見取り

単元名	内容のまとまり
川の美しさを取り戻そう（第4学年）	「環境」（全70時間）

　本単元は，全体計画に定めた探究課題「地域の自然や環境と，その保全に関わる人々の思いや願い」を踏まえて構想した単元である。地域の身近な川の環境と保全に向けて，自分たちの力でできることに取り組み，自分と地域の環境や人々との関わりについて考え，行動できるようにすることをねらったものである。

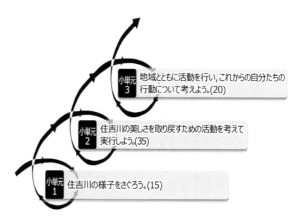

1　単元の目標

　住吉川の環境について調べたり，その保全に向けた活動に協働して取り組んだりすることを通して，環境保全に関する具体的な取組について考え，環境を守る活動を続ける人々や組織の意図や願いを理解するとともに，住吉川とのつながりを意識しながら行動したり生活したりできるようにする。

2　単元の評価規準

観点	知識・技能	思考・判断・表現	主体的に学習に取り組む態度
評価規準	①住吉川の環境には，独自の特徴があることを理解するとともに，その環境を後世に残していこうと活動を続けている人や組織の存在，思いに気付いている。 ②住吉川にすむ生物の状況を捉えるために，生物種や生息環境に応じた方法でフィールドワークを実施している。 ③住吉川の環境と自分たちの生活には関連があることの理解は，川とそこに生息する生き物との関係を探究的に学習してきたことの成果であると気付いている。	①住吉川の上流と中・下流の様子の比較から，河川の状況と生物との関わりについて課題を設定するとともに，解決に必要な調査方法を明確にしながらフィールドワークの計画を立てている。 ②住吉川の現状をよりよく理解するために必要な情報を，調査する対象に応じた方法を選びながら収集している。 ③住吉川の環境を守る活動を進めるために，事象を比較したり関連付けたりして理由や根拠を明らかにし，具体的な活動を決定している。 ④川の環境保全に向けた自分の考えを，表現方法の特徴や表現の目的に合わせて分かりやすくまとめている。	①住吉川とそこに住む生物の関係を明らかにするという目的に向け，自分自身で設定した課題の価値を理解している。 ②自分と異なる意見や考えを生かしながら，協働的に探究活動に取り組んでいる。 ③自分と川や地域の人々等とのつながりに気付き，地域の活動に参加するとともに，地域のためにできることを考え行動している。

3 指導と評価の計画 (70時間)

小単元名（時数）	ねらい・学習活動	知	思	態	評価方法
1 住吉川の様子をさぐろう。(15)	・川の中流，下流，上流のそれぞれを探検し，それぞれの特徴をまとめる。 ・ホタルがいる上流の様子と，油や泡，ゴミなどがある中・下流の様子を比較する。			①	・行動観察 ・記録シート
	・比較から生じたギャップから問題状況を捉え，「川の美しさを取り戻そう」という単元を通した課題を設定する。 **具体的事例❶「思考・判断・表現①」**		①		・発言内容 ・課題カード
2 住吉川の美しさを取り戻すための活動を考えて実行しよう。(35)	・川の美しさを取り戻すための活動を進めるために，川の調査や周辺住民へのインタビューから必要な情報を集める。 **具体的事例❷「思考・判断・表現②」**	②	②		・行動観察 ・調査シート
	・川の環境を守る取組を進めている「ホタルを増やす会」の人の話を聞く。				
	・調査したことや聞いたこと等を整理して，川の美しさを取り戻すための具体的な活動を考える。　**具体的事例❸「思考・判断・表現③」**		③		・発言内容 ・表現物
	・川の美しさを取り戻すために考えた活動を実行する。			②	・行動観察 ・取組カード
3 地域とともに活動を行い，これからの自分たちの行動について考えよう。(20)	・様々な人や組織が住吉川の環境保全に関わっていることを振り返る。	①			・発言内容 ・振り返りカード
	・地域の人に川への関心を高めてもらうための活動を企画する。		③		・発言内容 ・ワークシート
	・家庭でできる川を汚さない方法を伝える，川掃除会を開催する，「ホタルを増やす会」の活動に参加するなど，実行に向けた準備を進める。 **具体的事例❹「思考・判断・表現④」**		④		・発言内容 ・ワークシート
	・今後の自分たちと地域との関わりや環境との関わりについて，これまでの活動を振り返ってまとめる。	③			・発言内容 ・作文カード

　本単元は，中心的な学習活動を，地域を流れる住吉川の環境保全に向けた具体的な活動とした上で，以下に示す三つの小単元で構成するとともに，評価場面については，小単元ごとの学習活動や学習場面において，資質・能力を発揮する児童の姿を想定し，次のような意図をもって設定した。

　小単元1は，単元の導入において，課題を設定する場面であることから，「思考・判断・表現①」の評価規準を設定した。また，川を実際に探検することを通して感じた問いの価値に迫ることが期待できることから，「主体的に学習に取り組む態度①」の評価規準を設定した。

小単元２は，川の環境保全に取り組んでいる人や組織と関わりながら，自らも川の自然を守る活動を行う。ここでは，川の調査や周辺住民へのインタビューなどのフィールドワークを繰り返すことで適切に関わる児童の姿を見取る適切な評価場面であると考え，「知識・技能②」の評価規準を設定した。また，対象に応じて適切に情報収集をしたり，川を守る活動を進めるために根拠を明らかにして具体的な活動を決定したりする児童の姿を見取る適切な評価機会であると考え，「思考・判断・表現②③」の評価規準を設定した。さらに，多様な考え方に触れながら具体的な活動を協働的に進めていく態度を評価する機会と捉え，「主体的に学習に取り組む態度②」の評価規準を設定した。

　小単元３は，自分たちの活動を地域にも広げるとともに，これからの自分たちの行動について考えようとしていく学習場面である。この場面は，住吉川の環境保全に関する概念的な知識を獲得するとともに，活動を振り返ることを通して探究的に学んできたことのよさを理解する児童の姿を見取る適切な評価機会であると考え，「知識・技能①③」の評価規準を設定した。また，目的に合わせて自分の考えを分かりやすく表現する児童の姿を見取る適切な評価機会であると考え，「思考・判断・表現④」の評価規準，さらに，地域との関わりを意識しながら川への関わりを続けていこうとする態度を評価する機会と捉え，「主体的に学習に取り組む態度③」の評価規準を設定した。

４　観点別学習状況の評価の進め方

（１）具体的事例❶

①評価の場面

　　本評価場面は，地域の住吉川を探検する体験活動を通して，子供たちが川の問題状況を把握し，そこでの気付きを出し合い共有する中で，自分たちが解決を目指す課題をつくり出すことをねらった場面である。

②学習活動における児童の姿と評価の結果
【評価規準「思考・判断・表現①」】

　　住吉川の上流と中・下流の様子の比較から，河川の状況と生物との関わりについて課題を設定するとともに，解決に必要な調査方法を明確にしながらフィールドワークの計画を立てている。

【Ａ児の課題カードの記述】

　住吉川のそばを歩いていると，油がういていたり，まわりにゴミが落ちていたりしていて，よごれていることが分かりました。別の日に，家の人や友達，先生といっしょに川の上流に行ってみました。すると，たくさんのホタルが飛んでいました。そこにはホタルのほかにもいろいろな生き物がいました。川の上の方にだけホタルがいたので，ホタルはどんなところに住んでいるのだろうと思いました。

　Ａ児は，住吉川の探検を通して川が汚れている状況を捉えている。さらに，川の上流ではホタルが見られたことから，生き物の存在をもとに川の状態の違いを捉えている。川やホタルの様子について興味をもち始めた段階ではあるが，「河川の状況と生物との関わりについて課題をつくりだした」段

階には至っていない。A児同様，多くの子供たちが，中流や下流では見られないホタルが上流でのみ見られることに気付いている状況があったことから，ホタルの生態について調べることにした。

【ホタルの生態について調べたA児の振り返り（課題カード）】

　ぼくたちはホタルが住む場所や食べ物などについて調べました。ホタルの幼虫はカワニナを食べます。このカワニナがきれいな川の底に住んでいることがわかりました。たんけんした川の近くに，川をきれいにする活動をしている人たちがいることがわかる看板がありました。また，「ホタルを増やす会」があることもわかりました。ぼくも，ホタルをもっと増やすことができるように，よごれている今の住吉川を自分たちの力できれいにするためにできることをやってみたい，と思いました。そのためには，ホタルが住んでいる場所とそうでない場所の違いをもっとくわしく調べなくてはなりません。ぼくは，えさになるカワニナが住んでいる場所の水温や川底の様子について調べると，ホタルとの関係が分かると思うので，調べようと思います。

　A児は，体験活動での気付きと，ホタルについて調べたことやホタルを増やす活動に取り組む大人の存在等を関連付け，「ホタルをもっと増やすことができるように，汚れている川を自分たちの力できれいにしたい」という思いをもった。このような思いの実現に向け，振り返りには，ホタルのえさとなるカワニナの生息状況を調べることで，河川と生物との関係を明らかにしようと見通している。こうした姿から評価規準に示す資質・能力が育成されていると考えることができる。

①評価の場面

　　児童は，住吉川に関する必要な情報を，観察，実験，見学，調査，探索，追体験等を行い収集する。その際，情報収集の手段を児童自ら選択したり，課題解決のために必要な情報を収集し蓄積したりするなどの姿が期待される。

②学習活動における児童の姿と評価の結果
【評価規準「思考・判断・表現②」】
　　住吉川の現状をよりよく理解するために必要な情報を，調査する対象に応じた適切な方法で収集している。

　住吉川の美しさを取りもどすために，汚れている川を自分たちの力できれいにしたい」という課題意識をもった児童は，自分たちの力でできることを考えた（【写真1】）。板書からも分かるように，この段階では，「水を抜いて川底をきれいにする」，「ごみを捨てた人にわけを聞く」など，現実的ではない考えが多い。

　そこで教師は，上流と中下流の様子を写真で提示し，川の汚れと生き物の様子に視点をあてることとした。A児の「取り組む活動を決める前に，川のことをもっと調べないといけない」という発言から，川の様子について詳しく調べた上で活動を考えていくことになった。

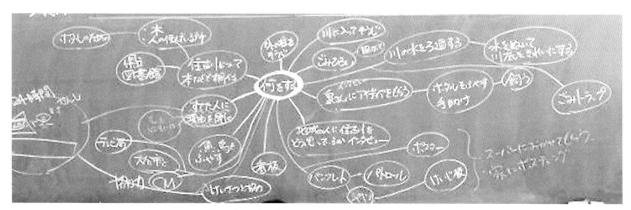

【写真１】自分たちの力でできること

　次に，教師は川の「何を」詳しく調べたらよいのかを明らかにする場を設けることにした。子供たちからは，「汚れの原因を調べたい。」「油や泡，ゴミがあるのはわかるけど，水そのものはどのくらい汚れているのかを調べたい。」「近くに住んでいる人たちは川をどう思っているのか聞いてみたい。」「川をきれいにする活動がいつから始まって，どんなことをしているのか取材したい。」という発言があった。そこで「水や川の周辺の汚れとその程度」「周辺住民の関心」「今までの取組」を調べることを確認し，そのための方法を話し合うことにした。

A児：汚れている原因を調べるためには，川の様子を見に行かなきゃいけないと思う。特に，油や泡が浮いている原因は分からないから，近くの人に聞いてみたらいいと思います。

B児：Aさんに付け足しで，ゴミや油は見てすぐわかるけど，水が汚れているかどうかは見ただけじゃ分からない。どうやって調べたらいいのかな。

C児：水の汚れを調べる方法を調べてみたらいいと思うよ。

B児：なるほど。理科の先生に聞いてみよう。

D児：さっき，Aさんが「近くの人に聞いてみたらいい」って言ったけど，油や泡が浮いている原因とあわせて，川が汚れていることをどう思うかも一緒に聞いてみたらどうだろう。

E児：川の探検にいったときに，川をきれいにしている活動をしている人たちが作った看板があったでしょ。「ホタルを増やす会」もあるから，そのことを知っていますかって近くの人たちに聞いてみるのもいいかも。それから，「ホタルを増やす会」の人たちが，今までにどんなことをしてきたのかについて，会って直接聞いてみたらいいと思います。

　対話の内容から，子供たちは「川をきれいにするための活動を進めるために川の様子を再度調べる」という目的に照らして，「調べる内容」と「対象」に応じた「方法」を考えていることがうかがえる。情報収集の方法を自ら選択することが，自覚的な情報収集につながることになる。

　教師は，情報収集の内容や方法，収集した結果等を【資料１】のように表にまとめて共有し蓄積することとした。

【資料１】調べた内容・方法・結果・考察をまとめた一覧

このような一連の情報収集活動について、B児は次のように振り返っている。

【B児の調査シート】
　自分たちで調べる内容とやり方を決めて、川の様子を調べました。川の水をパックテストで調べたり、川の様子を何度も見学したり、「ホタルを増やす会」のＩさんにお話を聞いたりしました。パックテストで、川がよごれる原因が分かりました。おどろいたのは、自分たちの家から出る生活はい水が川をよごす大きな原因になっているということです。ということは、家から出る水をきれいにするというか、よごれた水を出さないようにすればいいんじゃないかと思いました。また、川の中や周りにゴミが多いのは、ポイすてしているからと考えました。生活はい水について調べてみたいと思ったし、自分の家でできることもあると思うので、家庭の中のことをもっと調べたいと思いました。Ｉさんにインタビューしてみて、住吉川がよごれていることやホタルがいることがあまり知られていなかったことにもおどろきました。だから、地いきの人たちにもこのことを知らせたり、一緒に活動したりするほうがいいと思いました。

　B児は、一連の情報収集活動から川の現状を捉えるとともに、川が汚れる原因を見いだし考察している。「汚れている川をきれいにするため」には、「自分たちの家から出る生活排水」を見直す必要があると考え、家庭における生活排水について詳しく調べることや、地域の人にも知らせるという活動の方向性についても言及している。このような一連の学習過程を見通した振り返りの記述から、評価規準に示す資質・能力が育成されていると考えることができる。

①評価の場面
　　住吉川に関する多様な情報を整理したり分析したりして思考する活動へと高める整理・分析場面においては、個別の情報を種類ごとに分けて整理したり、細分化して因果関係を導き出したりして分析するといった学習活動が展開される。このような場面においては、問題状況における事実や関係を把握したり、多様な情報にある特徴を見付けたり、事象を比較したり関連付けたりして課題解決に向けて考えるなどの姿が期待される。

②学習活動における児童の姿と評価の結果
【評価規準「思考・判断・表現❸」】
　　住吉川の環境を守る活動を進めるために、事象を比較したり関連付けたりして理由や根拠を明らかにし、具体的な活動を決定している。

　児童は、情報収集の結果を踏まえ、今後の活動について考えることにした。まずは、情報収集の際に整理した表を用いてできそうな活動を考えていくことにした。C児のワークシートを紹介する（【表1】）。

川について調べたこと	方法	結果	結果から考えたこと	できそうなこと
水のよごれ ぐあい	水のよごれを調べる方法を理科の先生やインターネットでさがす	生活はい水の数字が大きい	家から出る水が川をよごしている？	のこりものなどをながさない 油やせんざいをながさない ポスターを作ってくばる
川の中や川のまわりのようす	川の中に入る！ 川のまわりのようすを見学する	川の中やまわりはたくさんのしゅるいのゴミが落ちていた あわのところはなんだかくさかった	おかしのふくろやペットボトル、空きカンなどをそのままてている、ポイすてがタタい	ごみをみつけたらひろう ポイすてしない 川の近くにゴミばこをおく ゴミひろい大会をする
川のまわりの人が川のよごれや上流にホタルがいることをどう思っているか	まわりの人たちにインタビューする	どっちも知らない人がたくさんいた よごれているのは、知っているけど気にしていない人もいた	川がよごれていても気にしない よごしていることに気づいていないのかもしれない	いっしょにホタルを見に行く つれていく よごれやゴミのようすをみてもらう
「ホタルを増やす会や川をきれいにする活動をしている人たちがどんなことをしているか	「増やす会」の会長さんに話を聞く インターネットや市の資料で調べる	増やす会はホタルのよう虫をほうりゅうしている EMだんごを作っているそうじをしている 川の水を田んぼに使ている人がいる	ホタルをふやして、みんなによろこんでもらおうと思っている 田んぼに川の水を使っているのはなぜ？	EMだんごをいっしょに作る 作り方をおうちの人に教える

【表1】C児のワークシート

この記述から，C児は川について調べた内容と結果，自分の考察を関連付けて，「残り物を流さない」「ポスターなどをつくって配る」などの「できそうなこと」を考えていることが分かる。この後，全体交流でこれら個別のアイディアを分類し検討する場を設けたところ，川の美しさを取り戻すための具体的な活動に「自分たちがする」「みんなでする」という新たな視点が見付かった。

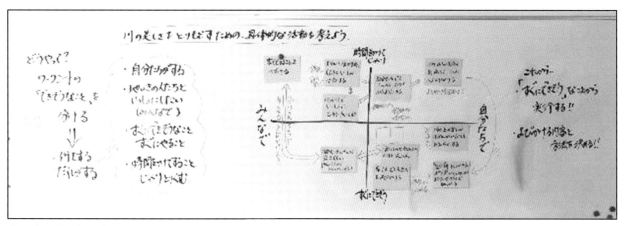

【写真2】座標軸

写真2は，この全体交流時の板書である。C児は，「自分たちがすることと，地域の人向けにできることがありそう」と発言し，続けて，「川のよごれの原因が生活はい水だということを考えると，まず，自分たちができそうなことがあります。それは，川の周りに住んでいる人たちに呼びかけるということです。なぜかというと，川の汚れやホタルがいることを知っているかインタビューしたとき，

第3編
事例3

知らない人がとても多かったからです。みんなが毎日気をつけたら，川もこれ以上よごれないと思います。」と，自分の考えを座標軸の「自分たちで」「すぐにできそう」で囲まれた部分に位置付けながら発言した。このように，考えた理由や根拠を明らかにして説明している様子から，C児について評価規準に示す資質・能力が育成されていると考えることができる。

（4）具体的事例❹

①評価の場面

地域の人に川への関心を高めてもらうためには，調査結果等をレポートや新聞，ポスターにまとめたり，写真やグラフ，図などを使ってプレゼンテーションとして表現したりすることなどが考えられる。この場面においては，各教科等で身に付けた力を発揮し，相手や目的に応じて分かりやすくまとめて表現する姿が期待される。

②学習活動における児童の姿と評価の結果

【評価規準「思考・判断・表現④」】

川の環境保全に向けた自分の考えを，表現方法の特徴や表現の目的に合わせて分かりやすくまとめている。

第3編
事例3

川の環境を保つために，多くの人に川をきれいにする活動に参加してもらいたいと考えた児童は，地域の人にポスターやチラシで呼びかけることにした。ポスターやチラシは，自分たちの活動の目的や活動内容を紹介するとともに，地域の人々に参加を呼びかけるものである。実際に作成したチラシやポスターの案について，教職員や保護者等から意見をもらう場を設けたところ，地域の人を不快にさせてしまったり，誤解を招いたりするおそれがある表現であることが指摘された。また，チラシやポスターの特徴を十分生かしたものになっていないという意見もあった。そこで，内容や構成を再検討する必要が出てきた。

以下は，その話合いの様子である。

F児：ポスターとチラシでは，大きさが違うよね。

G児：ポスターは大きいから書かれていることがぱっと見ただけでわかるようになっている。チラシはもらった人がじっくり見ることができるよ。

H児：チラシだと書きたいことを文章でくわしく書いて伝えられる。ポスターは絵や色を工夫してぱっと伝えることができるね。

（F児・G児・H児ともに，ポスターとチラシの特徴を捉えていることがうかがえる。この段階では，表現内容の再構成まで至っていないため，教師はチラシやポスターに書かれている内容を再検討するよう促すことにした。）

教師：それぞれの特徴が見えてきたね。実際の作品はどうだろうか。

F児：川の汚れについては書いてあるよ。

G児：このポスターは「川のどこが汚れているでしょう？」ってクイズにしているけど，これだけでは「川をきれいにしよう」とは思わないんじゃないかな。答えも解説も同じ場所に書かれているし。

F児：このチラシは，「このままだと川が汚くなっていくから，ごみを捨てないように心がけまし

ょう」って書いているけど，さっきのクイズと同じような感じがする。

教師：どちらも，呼びかけるには不十分ということかな？

H児：私たちがなぜ川をきれいにしようと考えているのか，どれだけ本気で活動しているかについて，もっと伝わるように書いたほうがいいと思います。

F児：Hさんに賛成で，地域の人たちにもっと関心をもってもらえるようにするために，今の川の様子や汚れの原因をチラシに書くといいと思います。例えば，川が汚れる原因は生活排水やゴミのポイ捨て，つまり自分たちも関係があるということを伝えたらいいと思います。

G児：地域の人たちは，川の上流にホタルがいることを知らなかったでしょう。だから，汚れていたりにおいがあったりした中流や下流の様子と，ホタルが飛んでいてきれいだった上流の様子の違いにおどろいた自分たちの感想をポスターに書いたらどうかな。ホタルの写真を使うと，ぱっと見てわかると思うよ。

H児：チラシで「きれいにしたい思い」「自分たちが衝撃を受けたこと」「地域の人たちの中にも川をきれいにしようとしている人たちがいること」「ホタルを守ろうとしている人がいること」を伝えるとよい。今はまだ少ないけど。僕たちがそういう人たちのことや，川の汚れの原因や今の様子，自分たちも本気で活動してきたことを地域の人たちにもっと知らせたほうがいい。そんなチラシになったら，活動に参加してくれる人も出てくると思う。

G児：地域の人たちにもっと関心をもってもらえるように，ポスターやチラシの内容を考え直すといいね。

【写真３】チラシ，ポスターの比較と内容の検討

　ポスターやチラシの特徴を考えながら，表現方法や目的，内容を意識した発言が続いた。F児，G児，H児は，表現方法の違いを踏まえつつ，川への関心がそれほど高くない地域の人を対象にして呼びかけていくことが重要であると考えている。また，川の汚れの原因が自分たちも含めた地域住民にもあること，川の環境を守ろうとしている人が存在していることなどにも触れることが参加人数を増やすために大切であると考えている。こうした姿からF児，G児，H児は評価規準に示す資質・能力が育成されていると考えることができる。

単元名	内容のまとまり
地域のじまん『おくんち』を伝えよう（第4学年）	「伝統文化」（全35時間）

　本単元は，全体計画に定めた探究課題「地域の伝統や文化とその継承に力を注ぐ人々」を踏まえて構想した単元である。

　地域の伝統行事「おくんち」のよさを探り，保存会の人々と伝統行事を伝承していくことを学習の課題として設定し，実際に体験や調査を通して地域に積極的に関わり，自己の生き方を考えることに取り組んだものである。

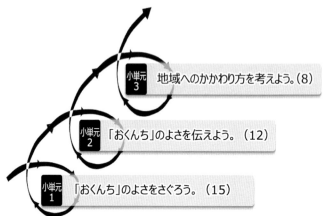

小単元3　地域へのかかわり方を考えよう。(8)

小単元2　「おくんち」のよさを伝えよう。(12)

小単元1　「おくんち」のよさをさぐろう。(15)

1　単元の目標

　地域の伝統行事「おくんち」の継承に力を注ぐ保存会の人々と協働して「おくんち」のよさを伝える活動を通して，自分が住む地域で生まれ受け継がれてきた伝統文化のよさに気付き，地域の発展を願って自分にできることを考え，町づくりに積極的に関わることができるようにする。

2　単元の評価規準

観点	知識・技能	思考・判断・表現	主体的に学習に取り組む態度
評価規準	①地域の人々は「おくんち」の開催に向けて互いに協働し，地域の発展を願うとともに，自分たちで楽しみをつくり出しながら生活していることを理解している。	①「おくんち」との出会いから問いを見いだし，「おくんち」のよさを探る課題を自らつくり，解決に向けて見通しをもっている。	①地域の伝統行事「おくんち」に関心をもち，自分の生活を見直したり，他者の考えを認めたりしながら，自らの意思で課題を解決しようとしている。
	②地域の伝統行事のよさへの理解は，地域の人，もの，ことと関わりながら探究的に学習してきたことの成果であることに気付いている。	②収集した多様な情報を分類・整理し，「おくんち」のよさを伝える相手，内容，方法について考えている。	②「おくんち」のよさを伝えるために，保存会や友達の考えを生かしながら，協働して課題の解決に向けて取り組もうとしている。
			③自分も地域の一員であることを自覚し，地域のためにできることを考えて積極的に関わろうとしている。

3 指導と評価の計画（全 35 時間）

小単元名（時数）	ねらい・学習活動	知	思	態	評価方法
1 「おくんち」のよさをさぐろう。（15）	・「おくんち」を見た経験やイメージをウェビングマップに書き出し，関心をもつ。 **具体的事例❶「主体的に学習に取り組む態度①」**			①	・インタビューの振り返り
	・保存会から「おくんち」の概要を聞いて，課題を設定し，学習計画を立てる。 ・保存会にインタビューしたり，実際に体験したりして，よさをまとめる。 ・保存会の人との体験や「おくんち」当日の取材で集めた情報をもとに，保存会の人と交流する準備をする。		①		・学習計画表による評価
	・活動を振り返ってまとめた「おくんち」のよさを保存会の人に発表する。	①			・振り返りシートによる評価
	・保存会から「おくんち」の現状や悩みを聞く。 **具体的事例❷「主体的に学習に取り組む態度②」**			②	・行動観察，発言内容，振り返りシートによる評価
2 「おくんち」のよさを伝えよう。（12）	・広報誌「コスモス通信」を使って，「おくんち」のよさを地域の人に伝える見通しをもつ。 ・広報誌を発行している産業振興課の人を招き，「子どもコスモス通信」を発行させてもらうための条件について聞き，記載する内容や構成を考えながら作成した広報誌を地域に配布する。		②		・行動観察，発言分析，制作物による評価
	・「子どもコスモス通信」を読んだ地域の人からの声や手紙をもとに，自分たちの取組を振り返ったり，保存会の人からの評価を交流したりする。	②			・振り返りシート，発言分析による評価
3 地域へのかかわり方を考えよう。（8）	・今後の地域との関わり方や自己の生き方について，友達と交流したり，保存会や地域の人と考えたりする。 **具体的事例❸「主体的に学習に取り組む態度③」** ・保存会や産業振興課の方に，これからの関わり方についての考えを手紙に表す。			②	・ウェビングマップ，行動観察，発言分析による評価

本単元は，中心的な学習活動を，地域に伝わる伝統行事の継承に関する具体的な活動とした上で，以下に示す三つの小単元で構成するとともに，評価場面については，小単元ごとの学習活動や学習場面において，資質・能力を発揮する児童の姿を想定し，次のような意図をもって設定した。

　小単元1は，単元の導入において，地域の伝統行事と出会い，行事を理解するための課題を設定する場面であることから，「思考・判断・表現①」の評価規準を設定した。また，伝統行事への関心をもとに自ら課題の解決に向かったり，伝統行事のよさを伝えるために協働して課題の解決に向かう態度を評価する機会と捉え，「主体的に学習に取り組む態度①②」の評価規準を設定した。さらに，地域の伝統行事に関する概念的な知識を獲得する児童の姿を見取る適切な評価機会であると考え，「知識・技能①」の評価規準を設定した。

　小単元2は，広報誌を活用して伝統行事のよさを発信していく場面である。ここでは，広報誌に記載する情報について整理・分析し，よりよく伝えようとする児童の姿を見取る適切な評価機会であると考え，「思考・判断・表現②」の評価規準を設定した。また，広報誌の活動を振り返ることを通して探究的に学んできたことのよさを理解する児童の姿を見取る適切な評価機会であると考え，「知識・技能②」の評価規準を設定した。

　小単元3は，単元全体を振り返り，地域との関わりを意識しながら伝統行事への関わりを続けていこうとする態度を評価する機会と捉え，「主体的に学習に取り組む態度③」の評価規準を設定した。

4　観点別学習状況の評価の進め方
（1）具体的事例❶
①評価の場面

　「おくんち」は，毎年10月の第三日曜日に校区にある神社を舞台に開催される五穀豊穣を祝うお祭りである（【資料1】）。

　最近では，市外からの観光客が増えてきている一方で，「おくんち」について，「あまり興味がない」と回答した児童が5割だった。「おくんち」から連想することについてウェビングマップを描かせてみると，【資料2】からも分かるように，行列や色々な屋台が出るお祭りといった一面的な捉えしかないことが分かる。

【資料1】「おくんち」の様子

　そこで，「おくんち」の継承に力を注ぐ保存会の方と出会い，祭りの映像を視聴したり「おくんち」で使用する道具を観察したりする活動を行った。児童は，保存会の方から，「風流」「大名行列」「浦安の舞」などの祭りの内容について説明を真剣に聞いたり，祭りで使用する道具を興味深そうに手に取ったりしていた。伝統行事に興味を示していなかった児童が，「この道具はどうやって使うのかな」「浦安の舞で着る衣装を着てみたいな」などと興味を抱き始める場面である。

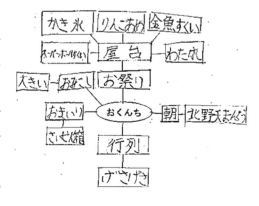

【資料2】ウェビングマップ

②学習活動における児童の姿と評価の結果

【評価規準「主体的に学習に取り組む態度①」】

　　地域の伝統行事「おくんち」に関心をもち，自分の生活を見直したり，他者の考えを認めたりしながら，自らの意思で粘り強く課題を解決しようとしている。

　A児は，次のような振り返りをしている。

> 　私は，「おくんち」に行ったことがないので，最初はぜんぜん分からなかったけど，保存会の人の話を聞いてみると楽しそうだなあと感じました。なぜ，浦安の舞，扇の舞，鈴の舞といろいろあるのか，ふしぎに思うのでもっと聞いてみたくなりました。

　A児は，祭りの雰囲気から楽しそうだという感想のほかに，いくつもの舞があるといった祭りの特徴に気付き，なぜいくつもあるのか聞いてみたいと興味をもっている。ただ，この段階では，祭りの歴史や携わる人々の思いなどの背景までを捉えた関心とは言えない。

　そこで，「おくんち」の映像を視聴したり，「おくんち」を体験したり，保存会の方にインタビューをしたりしながら，調べればすぐに解決できる疑問を一つ一つ解消し，「おくんち」のよさを実感し，課題へと練り上げていくことができるような時間を十分確保することを重視した。

　その後，A児は他の児童とともに保存会の人に次のようなインタビューをしている。

> 　A児：どうして「おくんち」で浦安の舞を踊るのですか。
> 保存会：神様への感謝と，平和な世の中がいつまでも続くようにという願いを込めて踊るのです。
> 　B児：「おくんち」に関わろうと思ったのは，なぜですか。
> 保存会：昔から大切に受け継がれてきた「おくんち」を，みんなにもっと見てほしいと思ったからです。
> 　A児：Bさんに付け加えます。昔って，いつからですか。それと，何年前から「おくんち」に関わっているのですか。
> 保存会：「おくんち」は江戸時代から続いています。保存会は今から20年以上前に立ち上げました。

　A児は，「おくんち」の特徴や携わる人々に興味をもつだけでなく，何故そうするのか，いつからそうなのかと，その理由や歴史にも注目している。このように，伝統行事の意味や背景に目を向けていることから，地域の伝統行事としての「おくんち」に関心をもち始めていると捉えることができる。

　保存会の方へのインタビュー後，A児は次のような振り返りをしている。

> 　保ぞん会の人や地いきの人たちとかがかかわっていて，大切に守ってきた「おくんち」ってすごいなと思いました。だから，江戸時代から続いているのだと思いました。私はずっと町に住んでいたのに，「おくんち」のことを全然知りませんでした。「おくんち」について，もっともっとくわしくさぐっていきたいです。毎年，たくさんの観光客がやってくる秘みつは，他にもあると思います。どこから，何がめあてで来ているのか，観光客にもぜひインタビューしたいと思います。

　A児は，B児が聞き出した保存会の方の思いや願いに着目し，「おくんち」のよさと結び付けて捉えている。そして，そのことが江戸時代から継承されている理由ではないかと考えている。また，同じ町に住む者として，「おくんち」について知らないことが多かったことを振り返り，「おくんち」の

よさや素晴らしさをもっと探っていきたい，特に，観光客の目的や居住地について，インタビューして明らかにしたいと自ら課題を明確にしている。このように，地域の伝統行事に関心をもち，自分の生活を見直したり，他者の考えを認めたりしながら，自らの意思で粘り強く課題を解決しようとしている様子から，A児について評価規準に示す資質・能力が育成されていると考えることができる。

（2）具体的事例❷

①評価の場面

「おくんちのよさをさぐろう」という課題をもった児童は，「江戸時代から長く続いている理由はなんだろうか」，「多くの観光客はどこから何を目あてに訪れているのだろうか」など，課題の解決に必要な情報を収集するために，保存会の方と一緒に「おくんち」の体験をしたり，繰り返しインタビューしたりした。分かったことや考えたことは付箋に書き出して，グループ内で何度も整理し直し，「特徴」「由来」「保存会」などのキーワードでまとめ，課題に対する答えを自分たちなりに見いだした。C児から「自分たちは「おくんち」のよさをこう考えるけど，保存会の方はどう思っているだろう。ぜひ，考えを聞いてみたい。」という声があがり，保存会の方と「おくんち」のよさについて語り合う会を設けることになった。

②学習活動における児童の姿と評価の結果

【評価規準「主体的に学習に取り組む態度②」】

「おくんち」のよさを伝えるために，保存会や友達の考えを生かしながら，協働して課題の解決に向けて取り組もうとしている。

C児は，「おくんち」のよさについて，保存会や他の児童と次のように語り合っている。

> C児：行列の最後の神輿の下をくぐると，昔から1年間病気をしないという言い伝えがあります。これをめあてに多くの観光客が集まります。これが「おくんち」の一番のよさだと思います。
>
> D児：私も昔から長く続いていることがよさだと思います。今は，準備が大変なので木馬になりましたが，30年前まで毛並みを整えたりっぱな本物の馬が3頭，行列に参加していたそうです。
>
> E児：行列のことなんですけど，河童の行列に大名行列，小さい子どもの行列など，行列に出る人も見る人も楽しいことがよさだと思います。昔は3日間続けて祭りが行われていました。
>
> C児：気付いたことがあります。昔からずっと続いている行列だけど，変わっていることと変わっていないことがあります。変わっていることは祭りの日数や行列の様子で，変わっていないものは祭りへの思いや願いだと思います。保存会の方は，どう思われますか。
>
> 保存会：よく考えましたね。目に見えるものは変わっても，思いや願いという見えないものは変わらないのです。これが伝統を守るということだと思っています。私はこの町で生まれた祭りを守っていきたいと思っています。でも，悩みがあります。それは，地域の人の中で，「おくんち」を知らない人が増えてきたことです。

多くの観光客が訪れる理由を課題にして追究してきたＣ児は，収集した情報を総合して考えた結果，「おくんち」の一番のよさは御輿の言い伝えであると考えている。

　Ｄ児は，Ｃ児が発言した「昔から」という言葉を「長く続いている」と意味付け，これが「おくんち」のよさであると結論付けた。しかし，行列の木馬は，昔の本物の馬から変化したと付け加えた。

　祭りの特徴について追究してきたＥ児は，参加する人も観光客にとっても楽しい行列がよさであると発言した。そして，Ｄ児と同様に，祭りの日数も変化し，減っていることを発言している。

　Ｃ児はこれらの発言から，「おくんち」の日数や形態は変化してきているが，楽しい祭りにしたいという思いや無病息災への願いは受け継がれていることに気付き，保存会の方に意見を求めた。つまり，Ｃ児は「おくんちのよさをさぐろう」という課題に対し，友達や保存会の考えを関連付け，似ているところや違うところを比較しながら，「よさ」について「伝統を受け継ぐこと」という概念を形成していると捉えることができる。

　Ｃ児は，保存会や他の児童と交流した後，次のような振り返りをしている。

> 　保存会の人の話を聞いて，私は恥ずかしくなりました。私も「おくんち」のことを知らなかったからです。そして，地域の人でも「おくんち」を知らない人が増えてきたと聞いておどろきました。私は，この町で生まれた「おくんち」のよさを伝えなければと思いました。私は町で配られている広報誌に，今日，話し合った「おくんち」のよさを書いて伝えたらどうかと考えました。

　このように，「おくんち」のよさを伝えるために，保存会や友達の考えを生かしながら，協働して課題の解決に向けた探究に取り組もうとしている様子から，Ｃ児について評価規準に示す資質・能力が育成されていると考えることができる。

（2）具体的事例❸

①評価の場面

　　これまでの学習を振り返る時間を設けることで，「自分も地域の一員であることを自覚し，地域に参画していこうとしている」という態度に向かうと考えた。しかし，Ｆ児は，これまでの活動について，次のように振り返っている。

> 　私は，保存会の方と協力して「コスモス通信」を発行してきました。コスモス通信をどんなふうに書いたらいいのか，どこにどうやって配ったらよいのかがよく分かりました。これまで，地域の人にしか伝えてないから，次は，隣町のおばあちゃんの家に行ったとき，その町の人たちに「おくんち」のことを知ってもらいたいです。

　　Ｆ児は，「おくんち」のよさを地域の人に伝えることができたことに自信をもち，今度は隣町でも伝えたいと考えている。しかし，これまでの学習活動を踏まえ教師は，他地域で広報の活動をすることが地域の一員としての自覚と離れてしまうことにつながることから，Ｆ児に行ってきた活動の意味を考えさせる必要があると考えた。そこで，保存会から，広報誌を読んだ地域の感想を紹介してもらい，これまでの取組に対して評価をもらう場面を新たに挿入した。この指導計画の変更に伴い，子どもの学びを的確に捉え指導に生かすことができるように，評価規準も「自分も地域の一員であることを自覚し，地域のためにできることを考えて積極的に関わろうとしている」のように修正・更新した。そして，保存会から，子どもたちがこれま

で取り組んできたことの価値と，地域の人が協働して楽しみをつくり受け継いでいる，という町づくりに向けた工夫と思いを話していただいた。

②学習活動における児童の姿と評価の結果
【評価規準「主体的に学習に取り組む態度③」】
　　自分も地域の一員であることを自覚し，地域のためにできることを考えて積極的に関わろうとしている。

以下は，保存会から評価をもらった場面の記録である。

> 教師：みんなの取組に対して，保存会の人はどんな思いをもっているのだろう。
> Ｆ児：「地域行事の担い手になってほしい」という言葉から，私たちに期待しているんじゃないかなと思いました。今日は，保存会の方が来てくださっているから聞いてみたいです。
> 保存会：私たちは，「おくんち」などの行事を通して，よりよい町づくりをしています。今回のみなさんの取組は，私たちが行っている町づくりの一部を担ったことと同じくらい価値があることです。みなさんが，地域行事の担い手になってくれることを期待しています。
> Ａ児：ほめてもらって，うれしいです。これからも何か，町づくりのためにしていきたいと思いました。

初めは他の地域への広報を考えていたＦ児だったが，自分たちの取組が地域の町づくりと関わっていたことに気付き，それを嬉しく思ったことから，地域のためにもっとできることはないかと再び自分の地域に目を向けるようになったことが分かる。

保存会の方から評価をもらった後，Ｆ児は，次のように振り返っている。

> 　私は，行事がいつまでも残っていく町になるために，町に住む一人として保存会の人たちと「おくんち」を広げていきたいと思いました。そう思ったわけは，保存会の方の話を聞いて，今，私たちが「おくんち」について知ったことを伝え，大人になったときそれを参考にしてもっともっと大きくしていきたいと思ったからです。

　これまでは，「おくんち」を伝える対象だった地域との関係が，自分も地域の一員であることを自覚するとともに，「行事がいつまでも残っていく町になるために」というように地域に積極的に関わろうとする姿に変容し，伝統行事を自分の生活や将来の自分のくらしとつなげて捉えようとしていることが分かる。
　【資料3】は，単元終末にＦ児が描いたウェビングマップである。単元当初【資料2】と比較すると，「おくんち」の由来や歴史，行列の種類や登場人物，保存会の方の願いなどの記述が見られ，知識が増えている。また，「保存会」という言葉に，「平和な世界」「たくさんの人」「ふれあい」「大きな動き」をつなげ，地域で生まれた伝統文化の宗教性，協働性，娯楽性といった概念を形成している。さらに，「素晴らしい」「ほこり」や「5年生」「6年生」という言葉から，自分の生活や将来の自分のくらしを関連付けている。

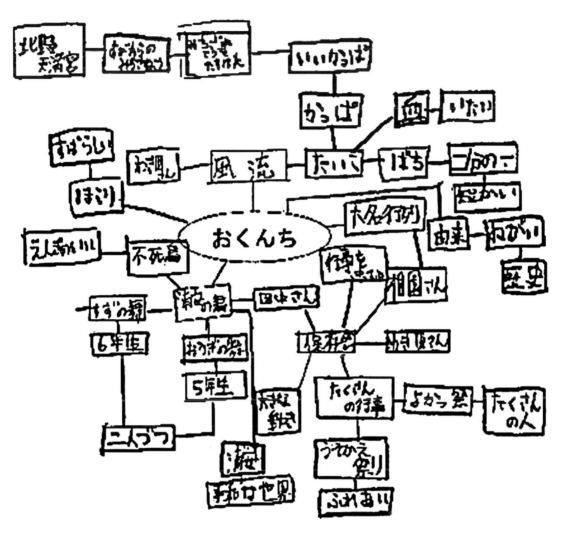

【資料３】単元終末のＦ児のウェビングマップ

　学習を終えて，Ｆ児は，お世話になった保存会の方へ次のような手紙を書いている。

> 　私は，町に住む一人として，地域の行事，例えば「おくんち」や「よかっ祭」などにたくさん参加して，活気のある祭りにしていきたいです。そして，笑顔いっぱいで，やさしい心をもっている人が町に増えて，他の県からも遊びに来る人が今よりもっともっと増えていってほしいです。将来は保存会に入って，多くの人を喜ばせていきたいです。

　このように，地域の未来を展望し，自分も地域の一員であるという自覚をもち，地域のためにこれからも積極的に関わって生活しようとしている様子から，Ｆ児について評価規準に示す資質・能力が育成されていると考えることができる。

第３編
事例４

評価規準，評価方法等の工夫改善に関する調査研究について

平成 31 年 2 月 4 日　国立教育政策研究所長裁定
平成 31 年 4 月 12 日　一　　部　　改　　正

1　趣　旨

　学習評価については，中央教育審議会初等中等教育分科会教育課程部会において「児童生徒の学習評価の在り方について」（平成 31 年 1 月 21 日）の報告がまとめられ，新しい学習指導要領に対応した，各教科等の評価の観点及び評価の観点に関する考え方が示されたところである。

　これを踏まえ，各小学校，中学校及び高等学校における児童生徒の学習の効果的，効率的な評価に資するため，教科等ごとに，評価規準，評価方法等の工夫改善に関する調査研究を行う。

2　調査研究事項

（1）評価規準及び当該規準を用いた評価方法に関する参考資料の作成

（2）学校における学習評価に関する取組についての情報収集

（3）上記（1）及び（2）に関連する事項

3　実施方法

　調査研究に当たっては，教科等ごとに教育委員会関係者，教師及び学識経験者等を協力者として委嘱し，2の事項について調査研究を行う。

4　庶　務

　この調査研究にかかる庶務は，教育課程研究センターにおいて処理する。

5　実施期間

　平成 31 年 4 月 19 日〜令和 2 年 3 月 31 日

巻末
資料

評価規準，評価方法等の工夫改善に関する調査研究協力者（五十音順）

（職名は平成 31 年 4 月現在）

相澤　昭宏　　　　横浜市立本町小学校長

河野麻沙美　　　　上越教育大学大学院准教授

後藤　竜太　　　　大分県教育庁指導主事

金　　洋輔　　　　新潟大学専門員

三田　大樹　　　　東京都西東京市立けやき小学校副校長

四ヶ所清隆　　　　福岡県久留米市教育委員会教職員課長

国立教育政策研究所においては，次の関係官が担当した。

渋谷　一典　　　　国立教育政策研究所教育課程研究センター研究開発部教育課程調査官

この他，本書編集の全般にわたり，国立教育政策研究所において以下の者が担当した。

笹井　弘之　　　　国立教育政策研究所教育課程研究センター長

清水　正樹　　　　国立教育政策研究所教育課程研究センター研究開発部副部長

髙井　　修　　　　国立教育政策研究所教育課程研究センター研究開発部研究開発課長

高橋　友之　　　　国立教育政策研究所教育課程研究センター研究開発部研究開発課指導係長

奥田　正幸　　　　国立教育政策研究所教育課程研究センター研究開発部研究開発課指導係専門職

森　　孝博　　　　国立教育政策研究所教育課程研究センター研究開発部教育課程調査官

学習指導要領等関係資料について

　学習指導要領等の関係資料は以下のとおりです。いずれも，文部科学省や国立教育政策研究所のウェブサイトから閲覧が可能です。スマートフォンなどで閲覧する際は，以下の二次元コードを読み取って，資料に直接アクセスする事が可能です。本書と合わせて是非ご覧ください。

① 学習指導要領、学習指導要領解説　等
② 中央教育審議会答申「幼稚園、小学校、中学校、高等学校及び特別支援学校の学習指導要領等の改善及び必要な方策等について」（平成 28 年 12 月 21 日）
③ 中央教育審議会初等中等教育分科会教育課程部会報告「児童生徒の学習評価の在り方について」（平成 31 年 1 月 21 日）
④ 小学校，中学校，高等学校及び特別支援学校等における児童生徒の学習評価及び指導要録の改善等について（平成 31 年 3 月 29 日 30 文科初第 1845 号初等中等教育局長通知）
　　　　　　　　　　　　　　※各教科等の評価の観点等及びその趣旨や指導要録（参考様式）は，同通知に掲載。
⑤ 学習評価の在り方ハンドブック（小・中学校編）（令和元年 6 月）
⑥ 学習評価の在り方ハンドブック（高等学校編）（令和元年 6 月）
⑦ 平成 29 年改訂の小・中学校学習指導要領に関する Q&A
⑧ 平成 30 年改訂の高等学校学習指導要領に関する Q&A
⑨ 平成 29・30 年改訂の学習指導要領下における学習評価に関する Q&A

①　②　③
④　⑤　⑥
⑦　⑧　⑨

巻末資料

学習評価の
在り方
ハンドブック

小・中学校編

文部科学省　国立教育政策研究所教育課程研究センター

学習指導要領

学習指導要領とは，国が定めた「教育課程の基準」です。

（学校教育法施行規則第52条，74条，84条及び129条等より）

■学習指導要領の構成
〈小学校の例〉

前文
第1章　総則
第2章　各教科
　　　第1節　　国語
　　　第2節　　社会
　　　第3節　　算数
　　　第4節　　理科
　　　第5節　　生活
　　　第6節　　音楽
　　　第7節　　図画工作
　　　第8節　　家庭
　　　第9節　　体育
　　　第10節　　外国語
第3章　特別の教科　道徳
第4章　外国語活動
第5章　総合的な学習の時間
第6章　特別活動

総則は，以下の項目で整理され，
全ての教科等に共通する事項が記載されています。
- 第1　小学校教育の基本と教育課程の役割
- 第2　教育課程の編成
- 第3　教育課程の実施と学習評価
- 第4　児童の発達の支援
- 第5　学校運営上の留意事項
- 第6　道徳教育に関する配慮事項

> 学習評価の
> 実施に当たっての
> 配慮事項

各教科等の目標，内容等が記載されています。
（例）第1節　国語
- 第1　目標
- 第2　各学年の目標及び内容
- 第3　指導計画の作成と内容の取扱い

　平成29年改訂学習指導要領の各教科等の目標や内容は，
教育課程全体を通して育成を目指す資質・能力の三つの柱に
基づいて再整理されています。

ア　何を理解しているか，何ができるか
　　（生きて働く「知識・技能」の習得）
イ　理解していること・できることをどう使うか（未知の状況にも
　　対応できる「思考力・判断力・表現力等」の育成）
ウ　どのように社会・世界と関わり，よりよい人生を送るか
　　（学びを人生や社会に生かそうとする「学びに向かう力・
　　人間性等」の涵養）

平成29年改訂「小学校学習指導要領」より
※中学校もおおむね同様の構成です。

詳しくは，文部科学省Webページ「学習指導要領のくわしい内容」をご覧ください。
(http://www.mext.go.jp/a_menu/shotou/new-cs/1383986.htm)

学習指導要領解説

学習指導要領解説とは，大綱的な基準である学習指導要領の記述の意味や解釈などの詳細について説明するために，文部科学省が作成したものです。

■学習指導要領解説の構成
〈小学校 国語編の例〉

●第1章　総説
　　　1　改訂の経緯及び基本方針
　　　2　国語科の改訂の趣旨及び要点

> 総説
> 改訂の経緯及び
> 基本方針

●第2章　国語科の目標及び内容
　第1節　国語科の目標
　　　1　教科の目標
　　　2　学年の目標
　第2節　国語科の内容
　　　1　内容の構成
　　　2　〔知識及び技能〕の内容
　　　3　〔思考力，判断力，表現力等〕の内容

●第3章　各学年の内容
　第1節　第1学年及び第2学年の内容
　　　1　〔知識及び技能〕
　　　2　〔思考力，判断力，表現力等〕
　第2節　第3学年及び第4学年の内容
　　　1　〔知識及び技能〕
　　　2　〔思考力，判断力，表現力等〕
　第3節　第5学年及び第6学年の内容
　　　1　〔知識及び技能〕
　　　2　〔思考力，判断力，表現力等〕

●第4章　指導計画の作成と内容の取扱い
　　　1　指導計画作成上の配慮事項
　　　2　内容の取扱いについての配慮事項
　　　3　教材についての配慮事項

> 指導計画作成や
> 内容の取扱いに係る配慮事項

●付録
　付録1：学校教育施行規則（抄）
　付録2：小学校学習指導要領　第1章　総則
　付録3：小学校学習指導要領　第2章　第1節　国語
　付録4：教科の目標，各学年の目標及び内容の系統表
　　　　　（小・中学校国語科）
　付録5：中学校学習指導要領　第2章　第1節　国語
　付録6：小学校学習指導要領　第2章　第10節　外国語
　付録7：小学校学習指導要領　第4章　外国語活動
　付録8：小学校学習指導要領　第3章　特別の教科　道徳
　付録9：「道徳の内容」の学年段階・学校段階の一覧表
　付録10：幼稚園教育要領

> 教科等の目標
> 及び内容の概要

> 参考
> （系統性等）

> 学年や
> 分野ごとの内容

「小学校学習指導要領解説 国語編」より
※中学校もおおむね同様の構成です。「総則編」，「総合的な学習の時間編」及び「特別活動編」は異なった構成となっています。

教師は，学習指導要領で定めた資質・能力が，児童生徒に確実に育成されているかを評価します

学習評価の基本的な考え方

　学習評価は，学校における教育活動に関し，児童生徒の学習状況を評価するものです。「児童生徒にどういった力が身に付いたか」という学習の成果を的確に捉え，**教師が指導の改善を図る**とともに，**児童生徒自身が自らの学習を振り返って次の学習に向かうことができるようにする**ためにも，学習評価の在り方は重要であり，教育課程や学習・指導方法の改善と一貫性のある取組を進めることが求められます。

カリキュラム・マネジメントの一環としての指導と評価

　各学校は，日々の授業の下で児童生徒の学習状況を評価し，その結果を児童生徒の学習や教師による指導の改善や学校全体としての教育課程の改善，校務分掌を含めた組織運営等の改善に生かす中で，学校全体として組織的かつ計画的に教育活動の質の向上を図っています。

　このように，「学習指導」と「学習評価」は学校の教育活動の根幹であり，教育課程に基づいて組織的かつ計画的に教育活動の質の向上を図る「カリキュラム・マネジメント」の中核的な役割を担っています。

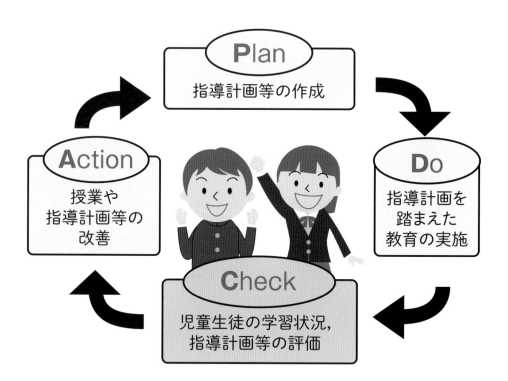

主体的・対話的で深い学びの視点からの授業改善と評価

　指導と評価の一体化を図るためには，児童生徒一人一人の学習の成立を促すための評価という視点を一層重視することによって，教師が自らの指導のねらいに応じて授業の中での児童生徒の学びを振り返り，学習や指導の改善に生かしていくというサイクルが大切です。平成29年改訂学習指導要領で重視している「主体的・対話的で深い学び」の視点からの授業改善を通して，各教科等における資質・能力を確実に育成する上で，学習評価は重要な役割を担っています。

☑ **教師の指導改善に**
つながるものにしていくこと

☑ **児童生徒の学習改善に**
つながるものにしていくこと

☑ **これまで慣行として行われてきたことでも,**
必要性・妥当性が認められないものは
見直していくこと

次の授業では
○○を重点的に
指導しよう。

○○のところは
もっと〜した方が
よいですね。

詳しくは, 平成31年3月29日文部科学省初等中等教育局長通知「小学校,中学校,高等学校及び特別支援学校等における児童生徒の学習評価及び指導要録の改善等について（通知）」をご覧ください。
(http://www.mext.go.jp/b_menu/hakusho/nc/1415169.htm)

 **コラム**　　　　評価に戸惑う児童生徒の声

　「先生によって観点の重みが違うんです。授業態度をとても重視する先生もいるし,テストだけで判断するという先生もいます。そうすると,どう努力していけばよいのか本当に分かりにくいんです。」（中央教育審議会初等中等教育分科会教育課程部会 児童生徒の学習評価に関するワーキンググループ第7回における高等学校3年生の意見より）

　あくまでこれは一部の意見ですが,学習評価に対する児童生徒のこうした意見には,適切な評価を求める切実な思いが込められています。そのような児童生徒の声に応えるためにも,教師は,児童生徒への学習状況のフィードバックや,授業改善に生かすという評価の機能を一層充実させる必要があります。教師と児童生徒が共に納得する学習評価を行うためには,評価規準を適切に設定し,評価の規準や方法について,教師と児童生徒及び保護者で共通理解を図るガイダンス的な機能と,児童生徒の自己評価と教師の評価を結び付けていくカウンセリング的な機能を充実させていくことが重要です。

Column

学習評価の基本構造

平成29年改訂で, 学習指導要領の目標及び内容が資質・能力の三つの柱で再整理されたことを踏まえ, 各教科における観点別学習状況の評価の観点については, 「知識・技能」,「思考・判断・表現」,「主体的に学習に取り組む態度」の3観点に整理されています。

「学びに向かう力, 人間性等」には
① 「主体的に学習に取り組む態度」として観点別評価(学習状況を分析的に捉える)を通じて見取ることができる部分と,
② 観点別評価や評定にはなじまず, こうした評価では示しきれないことから個人内評価を通じて見取る部分があります。

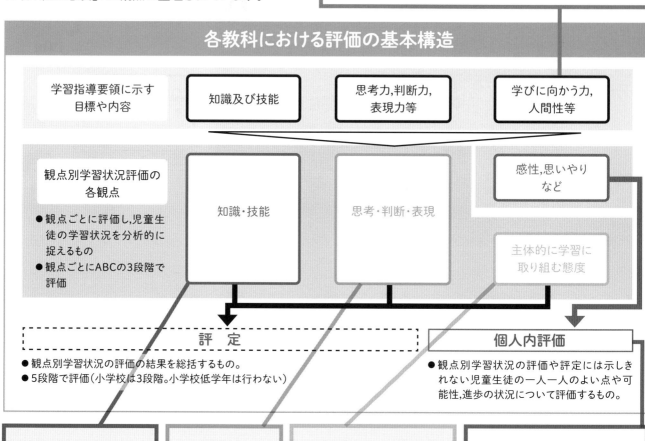

各教科における評価の基本構造

学習指導要領に示す目標や内容
- 知識及び技能
- 思考力, 判断力, 表現力等
- 学びに向かう力, 人間性等

観点別学習状況評価の各観点
- 観点ごとに評価し, 児童生徒の学習状況を分析的に捉えるもの
- 観点ごとにABCの3段階で評価

- 知識・技能
- 思考・判断・表現
- 感性, 思いやり など
- 主体的に学習に取り組む態度

評定
- 観点別学習状況の評価の結果を総括するもの。
- 5段階で評価(小学校は3段階。小学校低学年は行わない)

個人内評価
- 観点別学習状況の評価や評定には示しきれない児童生徒の一人一人のよい点や可能性, 進歩の状況について評価するもの。

各教科等における学習の過程を通した知識及び技能の習得状況について評価を行うとともに, それらを既有の知識及び技能と関連付けたり活用したりする中で, 他の学習や生活の場面でも活用できる程度に概念等を理解したり, 技能を習得したりしているかを評価します。

各教科等の知識及び技能を活用して課題を解決する等のために必要な思考力, 判断力, 表現力等を身に付けているかどうかを評価します。

知識及び技能を獲得したり, 思考力, 判断力, 表現力等を身に付けたりするために, 自らの学習状況を把握し, 学習の進め方について試行錯誤するなど自らの学習を調整しながら, 学ぼうとしているかどうかという意思的な側面を評価します。

個人内評価の対象となるものについては, 児童生徒が学習したことの意義や価値を実感できるよう, 日々の教育活動等の中で児童生徒に伝えることが重要です。特に, 「学びに向かう力, 人間性等」のうち「感性や思いやり」など児童生徒一人一人のよい点や可能性, 進歩の状況などを積極的に評価し児童生徒に伝えることが重要です。

詳しくは, 平成31年1月21日文部科学省中央教育審議会初等中等教育分科会教育課程部会「児童生徒の学習評価の在り方について(報告)」をご覧ください。
(http://www.mext.go.jp/b_menu/shingi/chukyo/chukyo3/004/gaiyou/1412933.htm)

特別の教科 道徳, 外国語活動, 総合的な学習の時間及び特別活動の評価について

特別の教科 道徳, 外国語活動（小学校のみ）, 総合的な学習の時間, 特別活動についても, 学習指導要領で示したそれぞれの目標や特質に応じ, 適切に評価します。なお, 道徳科の評価は, 入学者選抜の合否判定に活用することのないようにする必要があります。

特別の教科 道徳（道徳科）

児童生徒の人格そのものに働きかけ, 道徳性を養うことを目標とする道徳科の評価としては, 観点別評価は妥当ではありません。授業において児童生徒に考えさせることを明確にして, 「道徳的諸価値についての理解を基に, 自己を見つめ, 物事を（広い視野から）多面的・多角的に考え, 自己の（人間としての）生き方についての考えを深める」という学習活動における児童生徒の具体的な取組状況を, 一定のまとまりの中で, 児童生徒が学習の見通しを立てたり学習したことを振り返ったりする活動を適切に設定しつつ, 学習活動全体を通して見取ります。

外国語活動（小学校のみ）

評価の観点については, 学習指導要領に示す「第1目標」を踏まえ, 右の表を参考に設定することとしています。この3つの観点に則して児童の学習状況を見取ります。

知識・技能	思考・判断・表現	主体的に学習に取り組む態度
●外国語を通して, 言語や文化について体験的に理解を深めている。 ●日本語と外国語の音声の違い等に気付いている。 ●外国語の音声や基本的な表現に慣れ親しんでいる。	身近で簡単な事柄について, 外国語で聞いたり話したりして自分の考えや気持ちなどを伝え合っている。	外国語を通して, 言語やその背景にある文化に対する理解を深め, 相手に配慮しながら, 主体的に外国語を用いてコミュニケーションを図ろうとしている。

総合的な学習の時間

評価の観点については, 学習指導要領に示す「第1目標」を踏まえ, 各学校において具体的に定めた目標, 内容に基づいて, 右の表を参考に定めることとしています。この3つの観点に則して児童生徒の学習状況を見取ります。

知識・技能	思考・判断・表現	主体的に学習に取り組む態度
探究的な学習の過程において, 課題の解決に必要な知識や技能を身に付け, 課題に関わる概念を形成し, 探究的な学習のよさを理解している。	実社会や実生活の中から問いを見いだし, 自分で課題を立て, 情報を集め, 整理・分析して, まとめ・表現している。	探究的な学習に主体的・協働的に取り組もうとしているとともに, 互いのよさを生かしながら, 積極的に社会に参画しようとしている。

特別活動

特別活動の特質と学校の創意工夫を生かすということから, 設置者ではなく, 各学校が評価の観点を定めることとしています。その際, 学習指導要領に示す特別活動の目標や学校として重点化した内容を踏まえ, 例えば以下のように, 具体的に観点を示すことが考えられます。

特別活動の記録			1	2	3	4	5	6
内容	観点	学年						
学級活動	よりよい生活を築くための知識・技能		○		○	○	○	
児童会活動	集団や社会の形成者としての思考・判断・表現			○	○			
クラブ活動	主体的に生活や人間関係をよりよくしようとする態度					○		
学校行事				○	○	○	○	

各学校で定めた観点を記入した上で, 内容ごとに, 十分満足できる状況にあると判断される場合に, ○印を記入します。

○印をつけた具体的な活動の状況等については, 「総合所見及び指導上参考となる諸事項」の欄に簡潔に記述することで, 評価の根拠を記録に残すことができます。

小学校児童指導要録（参考様式）様式2の記入例（5年生の例）

なお, 特別活動は学級担任以外の教師が指導する活動が多いことから, 評価体制を確立し, 共通理解を図って, 児童生徒のよさや可能性を多面的・総合的に評価するとともに, 確実に資質・能力が育成されるよう指導の改善に生かすことが求められます。

観点別学習状況の評価について

　観点別学習状況の評価とは，学習指導要領に示す目標に照らして，その実現状況がどのようなものであるかを，観点ごとに評価し，児童生徒の学習状況を分析的に捉えるものです。

▌「知識・技能」の評価の方法

　　「知識・技能」の評価の考え方は，従前の評価の観点である「知識・理解」，「技能」においても重視してきたところです。具体的な評価方法としては，例えばペーパーテストにおいて，事実的な知識の習得を問う問題と，知識の概念的な理解を問う問題とのバランスに配慮するなどの工夫改善を図る等が考えられます。また，児童生徒が文章による説明をしたり，各教科等の内容の特質に応じて，観察・実験をしたり，式やグラフで表現したりするなど実際に知識や技能を用いる場面を設けるなど，多様な方法を適切に取り入れていくこと等も考えられます。

▌「思考・判断・表現」の評価の方法

　　「思考・判断・表現」の評価の考え方は，従前の評価の観点である「思考・判断・表現」においても重視してきたところです。具体的な評価方法としては，ペーパーテストのみならず，論述やレポートの作成，発表，グループや学級における話合い，作品の制作や表現等の多様な活動を取り入れたり，それらを集めたポートフォリオを活用したりするなど評価方法を工夫することが考えられます。

▌「主体的に学習に取り組む態度」の評価の方法

　　具体的な評価方法としては，ノートやレポート等における記述，授業中の発言，教師による行動観察や，児童生徒による自己評価や相互評価等の状況を教師が評価を行う際に考慮する材料の一つとして用いることなどが考えられます。その際，各教科等の特質に応じて，児童生徒の発達の段階や一人一人の個性を十分に考慮しながら，「知識・技能」や「思考・判断・表現」の観点の状況を踏まえた上で，評価を行う必要があります。

「主体的に学習に取り組む態度」の評価のイメージ

○「主体的に学習に取り組む態度」の評価については、①知識及び技能を獲得したり、思考力、判断力、表現力等を身に付けたりすることに向けた粘り強い取組を行おうとする側面と、②①の粘り強い取組を行う中で、自らの学習を調整しようとする側面、という二つの側面から評価することが求められる。

○これら①②の姿は実際の教科等の学びの中では別々ではなく相互に関わり合いながら立ち現れるものと考えられる。例えば、自らの学習を全く調整しようとせず粘り強く取り組み続ける姿や、粘り強さが全くない中で自らの学習を調整する姿は一般的ではない。

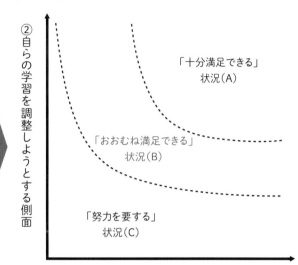

ここでの評価は、その学習の調整が「適切に行われるか」を必ずしも判断するものではなく、学習の調整が知識及び技能の習得などに結びついていない場合には、教師が学習の進め方を適切に指導することが求められます。

「自らの学習を調整しようとする側面」とは…

自らの学習状況を把握し、学習の進め方について試行錯誤するなどの意思的な側面のことです。評価に当たっては、児童生徒が自らの理解の状況を振り返ることができるような発問の工夫をしたり、自らの考えを記述したり話し合ったりする場面、他者との協働を通じて自らの考えを相対化する場面を、単元や題材などの内容のまとまりの中で設けたりするなど、「主体的・対話的で深い学び」の視点からの授業改善を図る中で、適切に評価できるようにしていくことが重要です。

コラム

「主体的に学習に取り組む態度」は、「関心・意欲・態度」と同じ趣旨ですが…
～こんなことで評価をしていませんでしたか？～

平成31年1月21日文部科学省中央教育審議会初等中等教育分科会教育課程部会「児童生徒の学習評価の在り方について（報告）」では、学習評価について指摘されている課題として、「関心・意欲・態度」の観点について「学校や教師の状況によっては、挙手の回数や毎時間ノートを取っているかなど、性格や行動面の傾向が一時的に表出された場面を捉える評価であるような誤解が払拭し切れていない」ということが指摘されました。これを受け、従来から重視されてきた各教科等の学習内容に関心をもつことのみならず、よりよく学ぼうとする意欲をもって学習に取り組む態度を評価するという趣旨が改めて強調されました。

Column

学習評価の充実

学習評価の妥当性, 信頼性を高める工夫の例

- 評価規準や評価方法について,事前に教師同士で検討するなどして明確にすること,評価に関する実践事例を蓄積し共有していくこと,評価結果についての検討を通じて評価に係る教師の力量の向上を図ることなど,学校として組織的かつ計画的に取り組む。
- 学校が児童生徒や保護者に対し,評価に関する仕組みについて事前に説明したり,評価結果について丁寧に説明したりするなど,評価に関する情報をより積極的に提供し児童生徒や保護者の理解を図る。

評価時期の工夫の例

- 日々の授業の中では児童生徒の学習状況を把握して指導に生かすことに重点を置きつつ,各教科における「知識・技能」及び「思考・判断・表現」の評価の記録については,原則として単元や題材などのまとまりごとに,それぞれの実現状況が把握できる段階で評価を行う。
- 学習指導要領に定められた各教科等の目標や内容の特質に照らして,複数の単元や題材などにわたって長期的な視点で評価することを可能とする。

学年や学校間の円滑な接続を図る工夫の例

- 「キャリア・パスポート」を活用し,児童生徒の学びをつなげることができるようにする。
- 小学校段階においては,幼児期の教育との接続を意識した「スタートカリキュラム」を一層充実させる。
- 高等学校段階においては,入学者選抜の方針や選抜方法の組合せ,調査書の利用方法,学力検査の内容等について見直しを図ることが考えられる。

評価方法の工夫の例
全国学力・学習状況調査
（問題や授業アイディア例）を参考にした例

　平成19年度より毎年行われている全国学力・学習状況調査では，知識及び技能等を実生活の様々な場面に活用する力や，様々な課題解決のための構想を立て実践し評価・改善する力などに関わる内容の問題が出題されています。

　全国学力・学習状況調査の解説資料や報告書，授業アイディア例を参考にテストを作成したり，授業を工夫したりすることもできます。

　詳しくは，国立教育政策研究所Webページ「全国学力・学習状況調査」をご覧ください。
（http://www.nier.go.jp/kaihatsu/zenkokugakuryoku.html）

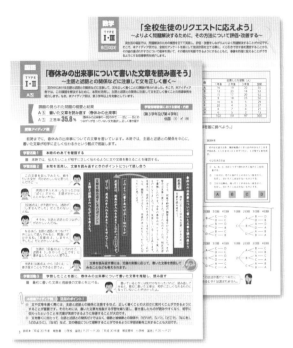

授業アイディア例

評価の方法の共有で働き方改革

　ペーパーテスト等のみにとらわれず，一人一人の学びに着目して評価をすることは，教師の負担が増えることのように感じられるかもしれません。しかし，児童生徒の学習評価は教育活動の根幹であり，「カリキュラム・マネジメント」の中核的な役割を担っています。その際，助けとなるのは，教師間の協働と共有です。

　評価の方法やそのためのツールについての悩みを一人で抱えることなく，学校全体や他校との連携の中で，計画や評価ツールの作成を分担するなど，これまで以上に協働と共有を進めれば，教師一人当たりの量的・時間的・精神的な負担の軽減につながります。風通しのよい評価体制を教師間で作っていくことで，評価方法の工夫改善と働き方改革にもつながります。

「指導と評価の一体化の取組状況」

A:学習評価を通じて，学習評価のあり方を見直すことや個に応じた指導の充実を図るなど，指導と評価の一体化に学校全体に取り組んでいる。

B:指導と評価の一体化の取組は，教師個人に任されている。

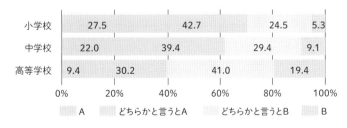

	A	どちらかと言うとA	どちらかと言うとB	B
小学校	27.5	42.7	24.5	5.3
中学校	22.0	39.4	29.4	9.1
高等学校	9.4	30.2	41.0	19.4

（平成29年度文部科学省委託調査「学習指導と学習評価に対する意識調査」より）

Q&A －先生方の質問にお答えします－

Q1 1回の授業で，3つの観点全てを評価しなければならないのですか。

A. 学習評価については，日々の授業の中で児童生徒の学習状況を適宜把握して指導の改善に生かすことに重点を置くことが重要です。したがって観点別学習状況の評価の記録に用いる評価については，毎回の授業ではなく原則として単元や題材などの内容や時間のまとまりごとに，それぞれの実現状況を把握できる段階で行うなど，その場面を精選することが重要です。

Q2 「十分満足できる」状況（A）はどのように判断したらよいのですか。

A. 各教科において「十分満足できる」状況（A）と判断するのは，評価規準に照らし，児童生徒が実現している学習の状況が質的な高まりや深まりをもっていると判断される場合です。「十分満足できる」状況（A）と判断できる児童生徒の姿は多様に想定されるので，学年会や教科部会等で情報を共有することが重要です。

Q3 指導要録の文章記述欄が多く，かなりの時間を要している現状を解決できませんか。

A. 本来，学習評価は日常の指導の場面で，児童生徒本人へフィードバックを行う機会を充実させるとともに，通知表や面談などの機会を通して，保護者との間でも評価に関する情報共有を充実させることが重要です。このため，指導要録における文章記述欄については，例えば，「総合所見及び指導上参考となる諸事項」については，要点を箇条書きとするなど，必要最小限のものとなるようにしました。また，小学校第3学年及び第4学年における外国語活動については，記述欄を簡素化した上で，評価の観点に即して，児童の学習状況に顕著な事項がある場合などにその特徴を記入することとしました。

Q4 評定以外の学習評価についても保護者の理解を得るにはどのようにすればよいのでしょうか。

A. 保護者説明会等において，学習評価に関する説明を行うことが効果的です。各教科等における成果や課題を明らかにする「観点別学習状況の評価」と，教育課程全体を見渡した学習状況を把握することが可能な「評定」について，それぞれの利点や，上級学校への入学者選抜に係る調査書のねらいや活用状況を明らかにすることは，保護者との共通理解の下で児童生徒への指導を行っていくことにつながります。

Q5 障害のある児童生徒の学習評価について，どのようなことに配慮すべきですか。

A. 学習評価に関する基本的な考え方は，障害のある児童生徒の学習評価についても変わるものではありません。このため，障害のある児童生徒については，特別支援学校等の助言または援助を活用しつつ，個々の児童生徒の障害の状態等に応じた指導内容や指導方法の工夫を行い，その評価を適切に行うことが必要です。また，指導要録の通級による指導に関して記載すべき事項が個別の指導計画に記載されている場合には，その写しをもって指導要録への記入に替えることも可能としました。

文部科学省
国立教育政策研究所
National Institute for Educational Policy Research

令和元年6月
文部科学省　国立教育政策研究所教育課程研究センター
〒100-8951 東京都千代田区霞が関3丁目2番2号　TEL 03-6733-6833（代表）

「指導と評価の一体化」のための
学習評価に関する参考資料
【小学校　総合的な学習の時間】

令和 2 年 6 月 27 日	初版発行
令和 6 年 4 月 15 日	6 版発行

著作権所有　　　　　国立教育政策研究所
　　　　　　　　　　教育課程研究センター

発 行 者　　　　　　東京都千代田区神田錦町 2 丁目 9 番 1 号
　　　　　　　　　　コンフォール安田ビル 2 階
　　　　　　　　　　株式会社　東洋館出版社
　　　　　　　　　　代表者　錦織　圭之介

印 刷 者　　　　　　大阪市住之江区中加賀屋 4 丁目 2 番 10 号
　　　　　　　　　　岩岡印刷株式会社

発 行 所　　　　　　東京都千代田区神田錦町 2 丁目 9 番 1 号
　　　　　　　　　　コンフォール安田ビル 2 階
　　　　　　　　　　株式会社　東洋館出版社
　　　　　　　　　　電話　03-6778-4343

ISBN978-4-491-04131-5　　　　　定価：本体 850 円
　　　　　　　　　　　　　　　　　　（税込 935 円）税 10%

「指導と評価の一体化」のための
学習評価に関する参考資料
【小学校 外国語・外国語活動】

令和2年6月27日　　　初版発行
令和5年6月9日　　　　8版発行

著作権所有　　　　　国立教育政策研究所
　　　　　　　　　　教育課程研究センター

発 行 者　　　　　東京都千代田区神田錦町2丁目9番1号
　　　　　　　　　　コンフォール安田ビル2階
　　　　　　　　　　株式会社　東洋館出版社
　　　　　　　　　　代表者　錦織　圭之介

印 刷 者　　　　　大阪市住之江区中加賀屋4丁目2番10号
　　　　　　　　　　岩岡印刷株式会社

発 行 所　　　　　東京都千代田区神田錦町2丁目9番1号
　　　　　　　　　　コンフォール安田ビル2階
　　　　　　　　　　株式会社　東洋館出版社
　　　　　　　　　　電話　03-6778-7278

ISBN978-4-491-04130-8　　　　定価：本体800円
　　　　　　　　　　　　　　　　（税込880円）税10%

Q&A −先生方の質問にお答えします−

Q1 1回の授業で, 3つの観点全てを評価しなければならないのですか。

A. 　学習評価については, 日々の授業の中で児童生徒の学習状況を適宜把握して指導の改善に生かすことに重点を置くことが重要です。したがって観点別学習状況の評価の記録に用いる評価については, 毎回の授業ではなく原則として単元や題材などの内容や時間のまとまりごとに, それぞれの実現状況を把握できる段階で行うなど, その場面を精選することが重要です。

Q2 「十分満足できる」状況(A)はどのように判断したらよいのですか。

A. 　各教科において「十分満足できる」状況(A)と判断するのは, 評価規準に照らし, 児童生徒が実現している学習の状況が質的な高まりや深まりをもっていると判断される場合です。「十分満足できる」状況(A)と判断できる児童生徒の姿は多様に想定されるので, 学年会や教科部会等で情報を共有することが重要です。

Q3 指導要録の文章記述欄が多く, かなりの時間を要している現状を解決できませんか。

A. 　本来, 学習評価は日常の指導の場面で, 児童生徒本人へフィードバックを行う機会を充実させるとともに, 通知表や面談などの機会を通して, 保護者との間でも評価に関する情報共有を充実させることが重要です。このため, 指導要録における文章記述欄については, 例えば, 「総合所見及び指導上参考となる諸事項」については, 要点を箇条書きとするなど, 必要最小限のものとなるようにしました。また, 小学校第3学年及び第4学年における外国語活動については, 記述欄を簡素化した上で, 評価の観点に即して, 児童の学習状況に顕著な事項がある場合などにその特徴を記入することとしました。

Q4 評定以外の学習評価についても保護者の理解を得るにはどのようにすればよいのでしょうか。

A. 　保護者説明会等において, 学習評価に関する説明を行うことが効果的です。各教科等における成果や課題を明らかにする「観点別学習状況の評価」と, 教育課程全体を見渡した学習状況を把握することが可能な「評定」について, それぞれの利点や, 上級学校への入学者選抜に係る調査書のねらいや活用状況を明らかにすることは, 保護者との共通理解の下で児童生徒への指導を行っていくことにつながります。

Q5 障害のある児童生徒の学習評価について, どのようなことに配慮すべきですか。

A. 　学習評価に関する基本的な考え方は, 障害のある児童生徒の学習評価についても変わるものではありません。このため, 障害のある児童生徒については, 特別支援学校等の助言または援助を活用しつつ, 個々の児童生徒の障害の状態等に応じた指導内容や指導方法の工夫を行い, その評価を適切に行うことが必要です。また, 指導要録の通級による指導に関して記載すべき事項が個別の指導計画に記載されている場合には, その写しをもって指導要録への記入に替えることも可能としました。

文部科学省
国立教育政策研究所
NIER
National Institute for Educational Policy Research

令和元年6月
文部科学省　国立教育政策研究所教育課程研究センター
〒100-8951 東京都千代田区霞が関3丁目2番2号　TEL 03-6733-6833(代表)

評価方法の工夫の例

全国学力・学習状況調査
(問題や授業アイディア例)を参考にした例

　平成19年度より毎年行われている全国学力・学習状況調査では、知識及び技能等を実生活の様々な場面に活用する力や、様々な課題解決のための構想を立て実践し評価・改善する力などに関わる内容の問題が出題されています。

　全国学力・学習状況調査の解説資料や報告書、授業アイディア例を参考にテストを作成したり、授業を工夫したりすることもできます。

　詳しくは、国立教育政策研究所Webページ「全国学力・学習状況調査」をご覧ください。

(http://www.nier.go.jp/kaihatsu/zenkokugakuryoku.html)

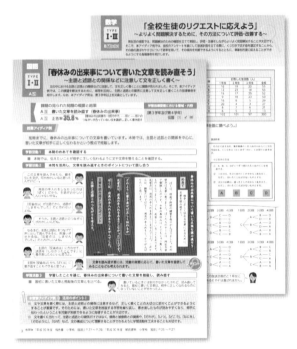

授業アイディア例

コラム　　評価の方法の共有で働き方改革

　ペーパーテスト等のみにとらわれず、一人一人の学びに着目して評価をすることは、教師の負担が増えることのように感じられるかもしれません。しかし、児童生徒の学習評価は教育活動の根幹であり、「カリキュラム・マネジメント」の中核的な役割を担っています。その際、助けとなるのは、教師間の協働と共有です。

　評価の方法やそのためのツールについての悩みを一人で抱えることなく、学校全体や他校との連携の中で、計画や評価ツールの作成を分担するなど、これまで以上に協働と共有を進めれば、教師一人当たりの量的・時間的・精神的な負担の軽減につながります。風通しのよい評価体制を教師間で作っていくことで、評価方法の工夫改善と働き方改革にもつながります。

「指導と評価の一体化の取組状況」

A:学習評価を通じて、学習評価のあり方を見直すことや個に応じた指導の充実を図るなど、指導と評価の一体化に学校全体で取り組んでいる。

B:指導と評価の一体化の取組は、教師個人に任されている。

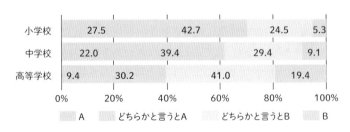

	A	どちらかと言うとA	どちらかと言うとB	B
小学校	27.5	42.7	24.5	5.3
中学校	22.0	39.4	29.4	9.1
高等学校	9.4	30.2	41.0	19.4

(平成29年度文部科学省委託調査「学習指導と学習評価に対する意識調査」より)

学習評価の充実

学習評価の妥当性, 信頼性を高める工夫の例

● 評価規準や評価方法について,事前に教師同士で検討するなどして明確にすること,評価に関する実践事例を蓄積し共有していくこと,評価結果についての検討を通じて評価に係る教師の力量の向上を図ることなど,学校として組織的かつ計画的に取り組む。

● 学校が児童生徒や保護者に対し,評価に関する仕組みについて事前に説明したり,評価結果について丁寧に説明したりするなど,評価に関する情報をより積極的に提供し児童生徒や保護者の理解を図る。

評価時期の工夫の例

● 日々の授業の中では児童生徒の学習状況を把握して指導に生かすことに重点を置きつつ,各教科における「知識・技能」及び「思考・判断・表現」の評価の記録については,原則として単元や題材などのまとまりごとに,それぞれの実現状況が把握できる段階で評価を行う。

● 学習指導要領に定められた各教科等の目標や内容の特質に照らして,複数の単元や題材などにわたって長期的な視点で評価することを可能とする。

学年や学校間の円滑な接続を図る工夫の例

● 「キャリア・パスポート」を活用し,児童生徒の学びをつなげることができるようにする。

● 小学校段階においては,幼児期の教育との接続を意識した「スタートカリキュラム」を一層充実させる。

● 高等学校段階においては,入学者選抜の方針や選抜方法の組合せ,調査書の利用方法,学力検査の内容等について見直しを図ることが考えられる。

「主体的に学習に取り組む態度」の評価のイメージ

○「主体的に学習に取り組む態度」の評価については，①知識及び技能を獲得したり，思考力，判断力，表現力等を身に付けたりすることに向けた粘り強い取組を行おうとする側面と，②①の粘り強い取組を行う中で，自らの学習を調整しようとする側面，という二つの側面から評価することが求められる。

○これら①②の姿は実際の教科等の学びの中では別々ではなく相互に関わり合いながら立ち現れるものと考えられる。例えば，自らの学習を全く調整しようとせず粘り強く取り組み続ける姿や，粘り強さが全くない中で自らの学習を調整する姿は一般的ではない。

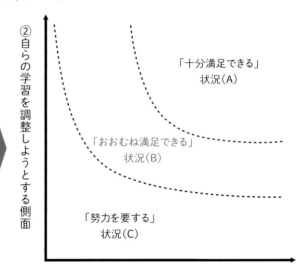

　ここでの評価は，その学習の調整が「適切に行われるか」を必ずしも判断するものではなく，学習の調整が知識及び技能の習得などに結びついていない場合には，教師が学習の進め方を適切に指導することが求められます。

「自らの学習を調整しようとする側面」とは…

　自らの学習状況を把握し，学習の進め方について試行錯誤するなどの意思的な側面のことです。評価に当たっては，児童生徒が自らの理解の状況を振り返ることができるような発問の工夫をしたり，自らの考えを記述したり話し合ったりする場面，他者との協働を通じて自らの考えを相対化する場面を，単元や題材などの内容のまとまりの中で設けたりするなど，「主体的・対話的で深い学び」の視点からの授業改善を図る中で，適切に評価できるようにしていくことが重要です。

 コラム
「主体的に学習に取り組む態度」は，「関心・意欲・態度」と同じ趣旨ですが…
〜こんなことで評価をしていませんでしたか？〜

　平成31年1月21日文部科学省中央教育審議会初等中等教育分科会教育課程部会「児童生徒の学習評価の在り方について(報告)」では，学習評価について指摘されている課題として，「関心・意欲・態度」の観点について「学校や教師の状況によっては，挙手の回数や毎時間ノートを取っているかなど，性格や行動面の傾向が一時的に表出された場面を捉える評価であるような誤解が払拭し切れていない」ということが指摘されました。これを受け，従来から重視されてきた各教科等の学習内容に関心をもつことのみならず，よりよく学ぼうとする意欲をもって学習に取り組む態度を評価するという趣旨が改めて強調されました。

Column

観点別学習状況の評価について

　観点別学習状況の評価とは，学習指導要領に示す目標に照らして，その実現状況がどのようなものであるかを，観点ごとに評価し，児童生徒の学習状況を分析的に捉えるものです。

▌「知識・技能」の評価の方法

　「知識・技能」の評価の考え方は，従前の評価の観点である「知識・理解」，「技能」においても重視してきたところです。具体的な評価方法としては，例えばペーパーテストにおいて，事実的な知識の習得を問う問題と，知識の概念的な理解を問う問題とのバランスに配慮するなどの工夫改善を図る等が考えられます。また，児童生徒が文章による説明をしたり，各教科等の内容の特質に応じて，観察・実験をしたり，式やグラフで表現したりするなど実際に知識や技能を用いる場面を設けるなど，多様な方法を適切に取り入れていくこと等も考えられます。

▌「思考・判断・表現」の評価の方法

　「思考・判断・表現」の評価の考え方は，従前の評価の観点である「思考・判断・表現」においても重視してきたところです。具体的な評価方法としては，ペーパーテストのみならず，論述やレポートの作成，発表，グループや学級における話合い，作品の制作や表現等の多様な活動を取り入れたり，それらを集めたポートフォリオを活用したりするなど評価方法を工夫することが考えられます。

▌「主体的に学習に取り組む態度」の評価の方法

　具体的な評価方法としては，ノートやレポート等における記述，授業中の発言，教師による行動観察や，児童生徒による自己評価や相互評価等の状況を教師が評価を行う際に考慮する材料の一つとして用いることなどが考えられます。その際，各教科等の特質に応じて，児童生徒の発達の段階や一人一人の個性を十分に考慮しながら，「知識・技能」や「思考・判断・表現」の観点の状況を踏まえた上で，評価を行う必要があります。

特別の教科 道徳, 外国語活動, 総合的な学習の時間及び特別活動の評価について

特別の教科 道徳, 外国語活動(小学校のみ), 総合的な学習の時間, 特別活動についても, 学習指導要領で示したそれぞれの目標や特質に応じ, 適切に評価します。なお, 道徳科の評価は, 入学者選抜の合否判定に活用することのないようにする必要があります。

特別の教科 道徳(道徳科)

児童生徒の人格そのものに働きかけ, 道徳性を養うことを目標とする道徳科の評価としては, 観点別評価は妥当ではありません。授業において児童生徒に考えさせることを明確にして, 「道徳的諸価値についての理解を基に, 自己を見つめ, 物事を(広い視野から)多面的・多角的に考え, 自己の(人間としての)生き方についての考えを深める」という学習活動における児童生徒の具体的な取組状況を, 一定のまとまりの中で, 児童生徒が学習の見通しを立てたり学習したことを振り返ったりする活動を適切に設定しつつ, 学習活動全体を通して見取ります。

外国語活動(小学校のみ)

評価の観点については, 学習指導要領に示す「第1目標」を踏まえ, 右の表を参考に設定することとしています。この3つの観点に則して児童の学習状況を見取ります。

知識・技能	思考・判断・表現	主体的に学習に取り組む態度
●外国語を通して, 言語や文化について体験的に理解を深めている。 ●日本語と外国語の音声の違い等に気付いている。 ●外国語の音声や基本的な表現に慣れ親しんでいる。	身近で簡単な事柄について, 外国語で聞いたり話したりして自分の考えや気持ちなどを伝え合っている。	外国語を通して, 言語やその背景にある文化に対する理解を深め, 相手に配慮しながら, 主体的に外国語を用いてコミュニケーションを図ろうとしている。

総合的な学習の時間

評価の観点については, 学習指導要領に示す「第1目標」を踏まえ, 各学校において具体的に定めた目標, 内容に基づいて, 右の表を参考に定めることとしています。この3つの観点に則して児童生徒の学習状況を見取ります。

知識・技能	思考・判断・表現	主体的に学習に取り組む態度
探究的な学習の過程において, 課題の解決に必要な知識や技能を身に付け, 課題に関わる概念を形成し, 探究的な学習のよさを理解している。	実社会や実生活の中から問いを見いだし, 自分で課題を立て, 情報を集め, 整理・分析して, まとめ・表現している。	探究的な学習に主体的・協働的に取り組もうとしているとともに, 互いのよさを生かしながら, 積極的に社会に参画しようとしている。

特別活動

特別活動の特質と学校の創意工夫を生かすということから, 設置者ではなく, 各学校が評価の観点を定めることとしています。その際, 学習指導要領に示す特別活動の目標や学校として重点化した内容を踏まえ, 例えば以下のように, 具体的に観点を示すことが考えられます。

特別活動の記録								
内容	観点　　学年		1	2	3	4	5	6
学級活動	よりよい生活を築くための知識・技能		○		○	○	○	
児童会活動	集団や社会の形成者としての思考・判断・表現			○	○		○	
クラブ活動	主体的に生活や人間関係をよりよくしようとする態度					○		
学校行事				○		○	○	

小学校児童指導要録(参考様式)様式2の記入例(5年生の例)

各学校で定めた観点を記入した上で, 内容ごとに, 十分満足できる状況にあると判断される場合に, ○印を記入します。

○印をつけた具体的な活動の状況等については, 「総合所見及び指導上参考となる諸事項」の欄に簡潔に記述することで, 評価の根拠を記録に残すことができます。

なお, 特別活動は学級担任以外の教師が指導する活動が多いことから, 評価体制を確立し, 共通理解を図って, 児童生徒のよさや可能性を多面的・総合的に評価するとともに, 確実に資質・能力が育成されるよう指導の改善に生かすことが求められます。

学習評価の基本構造

　平成29年改訂で, 学習指導要領の目標及び内容が資質・能力の三つの柱で再整理されたことを踏まえ, 各教科における観点別学習状況の評価の観点については, 「知識・技能」, 「思考・判断・表現」, 「主体的に学習に取り組む態度」の3観点に整理されています。

「学びに向かう力, 人間性等」には
①「主体的に学習に取り組む態度」として観点別評価（学習状況を分析的に捉える）を通じて見取ることができる部分と,
②観点別評価や評定にはなじまず, こうした評価では示しきれないことから個人内評価を通じて見取る部分があります。

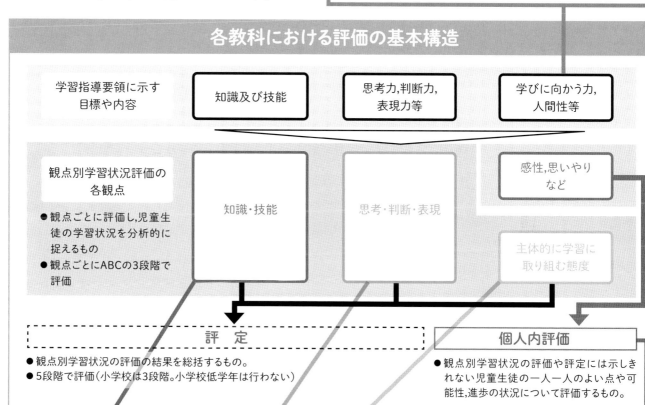

各教科における評価の基本構造

学習指導要領に示す目標や内容

| 知識及び技能 | 思考力,判断力,表現力等 | 学びに向かう力,人間性等 |

観点別学習状況評価の各観点

● 観点ごとに評価し,児童生徒の学習状況を分析的に捉えるもの
● 観点ごとにABCの3段階で評価

知識・技能　　思考・判断・表現　　主体的に学習に取り組む態度

感性,思いやり　など

評定

● 観点別学習状況の評価の結果を総括するもの。
● 5段階で評価（小学校は3段階。小学校低学年は行わない）

個人内評価

● 観点別学習状況の評価や評定には示しきれない児童生徒の一人一人のよい点や可能性,進歩の状況について評価するもの。

　各教科等における学習の過程を通した知識及び技能の習得状況について評価を行うとともに, それらを既有の知識及び技能と関連付けたり活用したりする中で, 他の学習や生活の場面でも活用できる程度に概念等を理解したり, 技能を習得したりしているかを評価します。

　各教科等の知識及び技能を活用して課題を解決する等のために必要な思考力, 判断力, 表現力等を身に付けているかどうかを評価します。

　知識及び技能を獲得したり, 思考力, 判断力, 表現力等を身に付けたりするために, 自らの学習状況を把握し, 学習の進め方について試行錯誤するなど自らの学習を調整しながら, 学ぼうとしているかどうかという意思的な側面を評価します。

　個人内評価の対象となるものについては, 児童生徒が学習したことの意義や価値を実感できるよう, 日々の教育活動等の中で児童生徒に伝えることが重要です。特に, 「学びに向かう力, 人間性等」のうち「感性や思いやり」など児童生徒一人一人のよい点や可能性, 進歩の状況などを積極的に評価し児童生徒に伝えることが重要です。

　詳しくは, 平成31年1月21日文部科学省中央教育審議会初等中等教育分科会教育課程部会「児童生徒の学習評価の在り方について（報告）」をご覧ください。
(http://www.mext.go.jp/b_menu/shingi/chukyo/chukyo3/004/gaiyou/1412933.htm)

☑ 教師の指導改善に
つながるものにしていくこと

☑ 児童生徒の学習改善に
つながるものにしていくこと

☑ これまで慣行として行われてきたことでも,
必要性・妥当性が認められないものは
見直していくこと

次の授業では
〇〇を重点的に
指導しよう。

〇〇のところは
もっと〜した方が
よいですね。

詳しくは,平成31年3月29日文部科学省初等中等教育局長通知「小学校,中学校,高等学校及び特別支援学校等における児童生徒の学習評価及び指導要録の改善等について(通知)」をご覧ください。
(http://www.mext.go.jp/b_menu/hakusho/nc/1415169.htm)

コラム　　　評価に戸惑う児童生徒の声

「先生によって観点の重みが違うんです。授業態度をとても重視する先生もいるし,テストだけで判断するという先生もいます。そうすると,どう努力していけばよいのか本当に分かりにくいんです。」(中央教育審議会初等中等教育分科会教育課程部会 児童生徒の学習評価に関するワーキンググループ第7回における高等学校3年生の意見より)

あくまでこれは一部の意見ですが,学習評価に対する児童生徒のこうした意見には,適切な評価を求める切実な思いが込められています。そのような児童生徒の声に応えるためにも,教師は,児童生徒への学習状況のフィードバックや,授業改善に生かすという評価の機能を一層充実させる必要があります。教師と児童生徒が共に納得する学習評価を行うためには,評価規準を適切に設定し,評価の規準や方法について,教師と児童生徒及び保護者で共通理解を図るガイダンス的な機能と,児童生徒の自己評価と教師の評価を結び付けていくカウンセリング的な機能を充実させていくことが重要です。

Column

学習評価の基本的な考え方

　学習評価は，学校における教育活動に関し，児童生徒の学習状況を評価するものです。「児童生徒にどういった力が身に付いたか」という学習の成果を的確に捉え，**教師が指導の改善を図る**とともに，**児童生徒自身が自らの学習を振り返って次の学習に向かうことができるようにする**ためにも，学習評価の在り方は重要であり，教育課程や学習・指導方法の改善と一貫性のある取組を進めることが求められます。

カリキュラム・マネジメントの一環としての指導と評価

　各学校は，日々の授業の下で児童生徒の学習状況を評価し，その結果を児童生徒の学習や教師による指導の改善や学校全体としての教育課程の改善，校務分掌を含めた組織運営等の改善に生かす中で，学校全体として組織的かつ計画的に教育活動の質の向上を図っています。

　このように，「学習指導」と「学習評価」は学校の教育活動の根幹であり，教育課程に基づいて組織的かつ計画的に教育活動の質の向上を図る「カリキュラム・マネジメント」の中核的な役割を担っています。

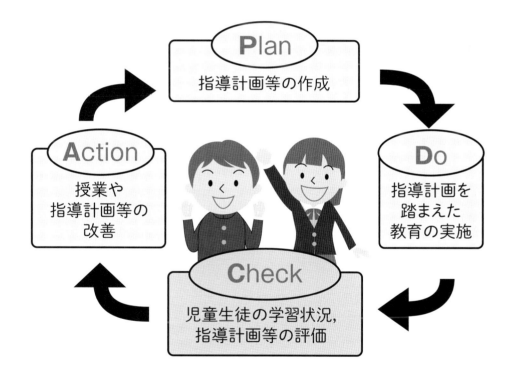

主体的・対話的で深い学びの視点からの授業改善と評価

　指導と評価の一体化を図るためには，児童生徒一人一人の学習の成立を促すための評価という視点を一層重視することによって，教師が自らの指導のねらいに応じて授業の中での児童生徒の学びを振り返り，学習や指導の改善に生かしていくというサイクルが大切です。平成29年改訂学習指導要領で重視している「主体的・対話的で深い学び」の視点からの授業改善を通して，各教科等における資質・能力を確実に育成する上で，学習評価は重要な役割を担っています。

学習指導要領解説

学習指導要領解説とは，大綱的な基準である学習指導要領の記述の意味や解釈などの詳細について説明するために，文部科学省が作成したものです。

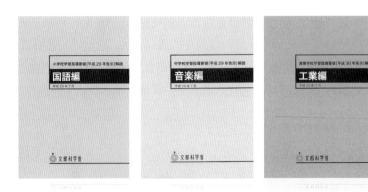

■学習指導要領解説の構成
〈小学校 国語編の例〉

●第1章　総説
　　1　改訂の経緯及び基本方針
　　2　国語科の改訂の趣旨及び要点

> 総説
> 改訂の経緯及び
> 基本方針

●第2章　国語科の目標及び内容
　第1節　国語科の目標
　　　1　教科の目標
　　　2　学年の目標
　第2節　国語科の内容
　　　1　内容の構成
　　　2　〔知識及び技能〕の内容
　　　3　〔思考力，判断力，表現力等〕の内容

●第3章　各学年の内容
　第1節　第1学年及び第2学年の内容
　　　1　〔知識及び技能〕
　　　2　〔思考力，判断力，表現力等〕
　第2節　第3学年及び第4学年の内容
　　　1　〔知識及び技能〕
　　　2　〔思考力，判断力，表現力等〕
　第3節　第5学年及び第6学年の内容
　　　1　〔知識及び技能〕
　　　2　〔思考力，判断力，表現力等〕

●第4章　指導計画の作成と内容の取扱い
　　1　指導計画作成上の配慮事項
　　2　内容の取扱いについての配慮事項
　　3　教材についての配慮事項

> 指導計画作成や
> 内容の取扱いに係る配慮事項

●付録
　付録1：学校教育施行規則(抄)
　付録2：小学校学習指導要領　第1章　総則
　付録3：小学校学習指導要領　第2章　第1節　国語
　付録4：教科の目標,各学年の目標及び内容の系統表
　　　　　(小・中学校国語科)
　付録5：中学校学習指導要領　第2章　第1節　国語
　付録6：小学校学習指導要領　第2章　第10節　外国語
　付録7：小学校学習指導要領　第4章　外国語活動
　付録8：小学校学習指導要領　第3章　特別の教科　道徳
　付録9：「道徳の内容」の学年段階・学校段階の一覧表
　付録10：幼稚園教育要領

> 教科等の目標
> 及び内容の概要

> 参考
> (系統性等)

> 学年や
> 分野ごとの内容

「小学校学習指導要領解説 国語編」より
※中学校もおおむね同様の構成です。「総則編」,「総合的な学習の時間編」及び「特別活動編」は異なった構成となっています。

➡ 教師は，学習指導要領で定めた資質・能力が，児童生徒に確実に育成されているかを評価します